O nome do selvagem

POR

NORMAN RUELL

Resumo

Descubra issoúltimo tradicionalporo primáriotempo ou se apaixonar por umvintage favorecido por toda partenovamente.

No primitivo "Velhos anseios salto nômade, Esfolando-se na corrente da alfândega; Novamente de seu sono brumal Desperta a estirpe ferina". Buck fezagora não estuda maisos jornais, ou elepoderiatenhoreconhecidoesteproble matornar-sefermentação,agora não mais por mimpara ele mesmo,Contudoporcadamaré-águacanino,resistentede músculo e com calor,longocabelo, de Puget Sound a San Diego. Porquerapazes, tateandodentro doA escuridão do Ártico, tinhadeterminadoum metal amarelo edevido ao fatonavio a vapor e transportecorporações foramcrescendo o achado,montes de caras estão acelerandopara a Terra do Norte. Essescaras cachorrinhos desejados, e ascachorroselasdesejados forampesadocachorros, comtecidos musculares resistentes atravésque labutar, eespessocasacos paraescudoeles da geada. Buck morava em umresidência maciça dentro doo ensolarado Vale de Santa Clara. lugar do juiz Miller, étornou-se conhecido como. Ficounovamenteda estrada,1/2 deescondidoalguns dosárvores,atravésque vislumbrapode melhorardoextensovaranda legal que correuredondoEstá4lados. oresidênciatornar-seaproximou-seAtravés doscalçadas de cascalho que feremaproximadamente através da extensão- espalhando gramados eembaixoos ramos entrelaçados de álamos altos. Na parte de trásassuntos têm sidoem até mesmo umextraescala espaçosa do quenofrente. Láforam incríveisestábulos,no qualuma dezena de cavalariços e rapazes avançavam, fileiras de cabanas de empregados cobertas de videiras, umilimitadoe ordem ordenada de casinhas,longomandris de uva,inexperientepastagens, pomares e manchas de bagas. Entãohouvea usina de bombeamento para o artesianodevidamente, e asmaciçotanque de cimentono qualOs meninos do juiz Miller deram o seu mergulho matinal earmazenadolegaldentro do calortarde. E sobre issoincríveldomínio Buck governou. Aqui elevir a sernascido, ebem aquiele tinha vivido o4anos deleestilos de vida. Istovir a serverdade, láforam filhotes diferentes, Lánão poderia no entantosercachorros diferentesassimextensoum lugar,Contudoeles fizeramagora não maiscontar. Elasvá alie foi, residiudentro docanis populosos, ou viviam obscuramentedentro dorecessos doresidênciadepois deestilode Toots, o pug japonês, ou Ysabel, a mexicana calva,—criaturas desconhecidasestequase nunca posicionada narina do lado de foraou colocar o pé parapiso. Sobreo opostomão, látêm estadoos fox terriers, umAvaliaçãodeles, pelo menos, que gritougarantias nervosasem Toots e YsabelprocurandoFora dejanelas de casapara elese guardadouma legião de empregadas armadas com vassouras e esfregões. Mas Buckvir a sernenhumresidência-caninonem canil-canino. ocompletoreinovir a serseu. Ele mergulhou no tanque de natação ou foiprocurandocom os filhos do Juiz; acompanhou Mollie e Alice, as filhas do Juiz, emlongocrepúsculo ou passeios matinais; nas noites de inverno ele deitounoJuízesmais cedo do queo fogo crepitante da biblioteca; ele carregava os netos do juiz em suanovamente, ou rolou-osdentro doRelva,e protegidoseus passosatravésaventuras

selvagensdireito todo o caminho atéa fontedentro do forteJardim,ou mesmoalém,no qualos piquetestêm estado, e as manchas de bagas. Entre os terriers ele espreitava imperiosamente, e Toots e Ysabel eletotalmenteignorado, pois elevir a serrei, - rei sobre todos os rastejantes, rastejantes, voadoresassuntosdo lugar do juiz Miller,seres humanosincluído. Seu pai, Elmo, ummaciçoSão Bernardo,nós estamoscompanheiro inseparável do juiz, e Buck ofereceuverdadeiroparacumprir dentro da maneirade seu pai. Eletorne-se agora não maistão grande - ele pesavamais eficaz ceme40 quilos,—para sua mãe,

Shep,nós estamosum pastor escocêscanino. No entanto,ceme40 quilos, ao qualtornou-se entregue a glóriaisso vem demorada exataecomum apreciar, habilitou-osegurarele mesmo emapropriadorealestilo. Durante o4anosvendo issosua infância ele viveu oestilos de vidade um aristocrata saciado; ele tem umprazer de qualidadeem si mesmo,vir a sermesmo um pouco egoísta, comoestados unidos da américa agentes de vez em quando vêm para a cama devido asua situação insular. Mas ele tinhaarmazenadoele mesmoatravés de agora não se transformando em uma ninhariamimadoresidência-canino. Caça e parentescoLá foradelícias tinhaarmazenadopara baixogordurase endureceu suatecidos musculares; e para ele, como para osem sangue-corridas de tubos,o carinhode águanós estamosum tônico e umginásticaPreservar. E istovir a seracaminhodocaninobodetornar-se dentro dooutono de 1897,enquantoa greve de Klondike arrastourapazesa partir detodo o mundopara o norte gelado. Mas Buck fezagora não estuda maisos jornais, e ele fezagora não reconheço maisque Manoel,um dosajudantes de jardineiro,vir a serumindesejadoconhecimento. Manuel tinha um pecado avassalador. Eleestimadopara jogar na loteria chinesa. Além disso, em seu jogo, ele tinha uma fraqueza assediante— religiãoem umengenhoca; e isso fez sua condenação certa. Para jogar umgadgetchama por dinheiro,enquantoo salário de um ajudante de jardineiroagora não maiscolo sobre odesejosde umcônjugeeváriosdescendência. O juizvir a serem umconjuntoda Associação de Produtores de Passas, eos homens foramocupado organizando um atletismoFiliação,nomemorávelperíodo noturnoda traição de Manuel. Ninguémpercebidoele e Buckestourouo pomar no que Buck imaginoutorna-se simplesmenteum passeio. Eexcetoum solitáriocara,nenhuma pessoa notoueles chegamnoestação pequena bandeirachamadoParque do Colégio. estecaraconversou com Manoel edinheirofendidodentreeles. "Vocêpoderiaembrulharos produtos antes devocê me entrega", o estranhodeclaradorudemente, e Manuel dobrouum pedaçode corda forteredondopescoço de Buckembaixoo colarinho. "Torça, evocê podeengasgo estou farto",declaradoManuel, e o estranho grunhiu umpreparadoafirmativo. Buck tinhaCostumeiroa corda com dignidade silenciosa. Para ter certeza, évir a serum desempenho inusitado:ContudoEle tinhadescobriuparaconcordar comdentrorapazesele sabia, eoferecerelespontuação de créditoparasaber comoque ultrapassou o seu. Masenquantoas pontas da cordaforam posicionados dentro domãos do estranho, ele rosnou ameaçadoramente. Ele tinhasimplesmenteinsinuou seu desagrado, em suaprazeracreditando que para íntimovir a sercomandar. Mas ao seumaravilhaa corda apertouredondoseu pescoço, desligando sua respiração. Dentrocurtoraiva em que ele puloua pessoa, que o encontrou no meio do caminho, agarrou-opróximoa garganta, e com uma torção hábil jogou-o sobre seunovamente. Então a corda apertou impiedosamente,enquantoBuck lutou com fúria, sua língua pendendo para fora de sua boca e suaincrívelpeito ofegante inutilmente. Nunca em todos os seusestilos de vidase ele tivesse sido tão vilmente tratado, ede maneira algumaem todos os seusestilos de vidase ele estivesse tão zangado. Mas seupotênciadiminuiu, seus olhos vidrados, e ele sabianada enquantoaensinar tornar-sesinalizado eos 2 carasjogou-o nobagagemautomóvel. osubseqüenteele sabia, elevir a servagamenteconscienteque sua línguavir a serdoendo e que elevir a sersendo sacudidoao ladodentroalguns tipos deum transporte. O grito rouco de uma locomotiva assobiando uma travessiainformadodeleno qualelevir a ser. Ele tinha viajado tambémregularmentecom o juizagora não maisparareconheça o sentimentodousandoem umbagagemautomóvel. Ele abriu os olhos, e nelesvá alia raiva desenfreada de umraptadorei. ocarasaltou para sua garganta,Contudobodevir a sertambémcurtopara ele. Suas mandíbulas se fecharamnomão, nem elessoltar atéseus sentidostêm estadosufocado deleassim que extra. "Sim, tem ataques"a pessoa declarada, escondendo a mão mutilada do bagageiro, quenós estamosatraídoAtravés dosos sons deguerra. "Estou aceitando o chefe para 'Frisco.canino-profissional de saúdelá pensa que pode curá-lo." Com relação a issoperíodo noturnopasseio de,a pessoafaloumáximoeloquentemente para si mesmo, emum poucocabananovamentede um salãonoFrente de água de São Francisco. "Tudo o que recebo são cinquenta por isso", ele resmungou; "e eunão fariafaça isso por mil,sem sanguedinheiro." Sua mãovir a serenvolto em um lenço ensanguentado, e oapropriadoperna de calçavir a serrasgado do joelho ao tornozelo. "Quãogrande quantidadefezo opostocaneca?", o dono do bar exigiu. "Cem",vir a serarresponder. "Não tomaria um soumuito menos, assimajudarmim." "Isso fazceme cinquenta", calculou o dono do bar; "eele vale muito a penaou eu sou um cabeça quadrada." O sequestrador desfez os embrulhos ensanguentados echeck-outsua mão dilacerada. "Se eunão façapegue a hidrofobia—" "Serádevido ao fatovocêsvir a sernasci paraaguarde," riu o dono do bar. "Aqui, me dê uma mãomais cedo do quevocê puxa sua carga", eleentregue. Atordoado,lutando insuportávelda garganta e da língua, com aestilos de vida 1/2 deestrangulado dele, Bucktentou ficar de péseus algozes. Mas elevir a serjogado para baixo e sufocado repetidamente,atéeles conseguiramsubmetendoo pesado colar de bronze de seu pescoço. Então a cordavir a serremovido, e elevir a serarremessadodireito em umcaixa semelhante a uma gaiola. Lá ele se deitou para oo restodo cansadoperíodo noturno, alimentando sua ira e feridoprazer. Elenão conseguia reconhecero quetudo issosignificou. O que elesprecisarcom ele,aqueles caras extraordinários? Por quetêm estadoelaspreservandoele reprimidoneste delgadocaixa? Ele fezagora não reconheço maisPor quê,Contudoele se sentiu oprimidoAtravés dosaexperiência indistintadoiminentecalamidade. Diversosinstâncias ao longo deaperíodo noturnoele saltou para o seuenquantoa porta do galpão se abriu,assistindo para peero Juiz, ouos homenspelo menos. Masem todas as ocasiõesistovir a sero rosto protuberante do dono do bar que olhou para eleAtravés doso doentesuavede uma vela de sebo. Eem todas as ocasiõesaconfortávellatido que tremeu na garganta de Buckvir a sertorcidodireito em umrosnado selvagem. Mas o dono do barpermitirdelesozinho, edentro domanhã4 carasentroue recolhidoso caixote. Mais atormentadores, decidiu Buck, pois elestêm estadomal-procurandocriaturas, esfarrapadas e desleixadas; e ele invadiu e se enfureceu com elesatravésos bares. Elasmais efetivoriu e cutucou paus nele, que eleagora mesmoassaltadojunto com seu esmalte atéeledescobriuaquilo quevir a sero que elesdesejado. Então ele se deitou mal-humorado e permitiu que o caixote fosse levantadodireito em umvagão. Então ele e o caixoteem queelevir a serpreso,começouuma passagematravésmuitas mãos. Escrituráriosdentro do local de trabalho específicotomoutaxadele; elevir a sercarregadoaproximadamentedentroq ualquer outrovagão; um caminhão o transportou, com umcoleçãodorecipientes de embalageme encomendas, em um navio a vapor; elevir a sertransportado para fora do naviocerto em incríveldepósito ferroviário, eno fimelevir a serdepositado em umautomóvel específico. Por dias e noites issoautomóvel específico tornar-searrastaramao lado docauda de locomotivas estridentes; epara 2dias e noites Buck não comia nem bebia. Em sua raiva, ele conheceuo primárioavanços daespecíficomensageiros com rosnados,e que elestinha retaliadoAtravés dosprovocando ele. Quando ele se jogouem oposição aas barras, trêmulas e espumantes, riam dele e zombavam dele. Eles rosnavam e latiam como detestáveiscachorros, miou e bateu suasdedose cantou. Istovir a sertudo muito tolo, ele sabia;no entanto, consequentementeaextraultraje à sua dignidade, e sua raiva aumentou e aumentou. Ele fezagora não pensa maisainaniçãoassimgrande quantidade,porém a perda

deaguainduzidodeleluta   extremae
abanou sua ira a ponto de febre. Aliás,
tensa   e   delicadamente   sensível,
aindispostotinha atirado eledireito em
umfebre, quevir a seralimentadoAtravés
dosainfecçãode sua garganta e língua
ressecadas e inchadas. Eletornar-se
felizpara umaspecto: a cordavir a
serfora de seu pescoço. Isso lhes deu
uma   vantagem   injusta;Contudoagora
que   issovir   a   serfora,   elepoderia
exibireles.   Elasde   jeito
nenhumpeguequalquer
outrocordaredondoO   pescoço   dele.
Sobre   isso   elevir   a   serresolvido.
Durante dias e noites não comeu nem
bebeu, eno decorrer dosdias e noites de
tormento, elecoletadoum fundo de ira
que   pressagiavaindispostopara   quem
primeiro caiu em desgraça com ele. Os
olhos   delecresceu   para   se
tornarinjetado de sangue, e elevir a
sermetamorfoseadodireito   em
umdemônio furioso. Entãomodificado
tornar-seele que o próprio Juizagora
não podia maistenhodiagnosticadodele;
e aespecíficomensageiros respiravam
comalívio depois que elesembalou-o
fora   doEnsinarem   Seattle.
Quatrorapazescautelosamente

carregou o caixote da carroçadireito em umpequeno, de parede altanovamenteJardim. Um fortecara, com umroxosuéter que cedeu generosamentenopescoço,vá alisaiu e assinou olivro ee-epora força motriz. Estetorne-se a pessoa, Buck adivinhou,o subsequenteatormentador, e ele se atirou selvagementeem oposição aos bares. ocarasorriu tristemente,e levadoum machado e umFiliação. "Você não vai levá-lo para fora agora?"a força motrizPerguntou. "Claro,"a pessoarespondeu,equitaçãoo machado na caixa para uma alavanca. Látornar-se diretodispersão do4 carasquem o havia carregado, e deseguroempoleira-sepináculoa parede elesorganizado para olharo desempenho. Buck correunoestilhaçando madeira, afundando suaesmaltenele, surgindo e lutando com ele. Onde quer que o machado caiunolá fora, elevir a serlánodentro, rosnando e rosnando, tão furiosamentechatopara sair comoa pessoa dentro do roxosuétertornar-se levianamente causaem tirá-lo. "Agora vocêroxo-demônio de olhos," eledeclarado,enquantoele tinha feitoum bocadopara a passagem de Buckquadro.

Noigualvez que ele largou o machado e deslocou oFiliaçãopara o deleapropriadomão. E Bucktornar-se claramenteumaroxo-olho do diabo, enquanto se desenhavacoletivamentepara a primavera, cabelos eriçados, boca espumando, um brilho louco em seus olhos injetados de sangue. Direto ema pessoaelelançadoseuceme40 quilosde fúria, sobrecarregado com o pentardorde dias e noites. Em pleno ar,simplesmentecomo suas mandíbulasforam aproximadamente para fecharsobrea pessoa, eleadquiridoumasurpresaque verificou seuquadro e tiradoseuesmalte coletivamentecom um clipe agonizante. Ele se virou, pegando opisoem seunovamentee lado. Ele tinhade maneira algumafoi atingidoAtravés dosumaFiliaçãoNo deleestilos de vida, e fezagora não reconheço mais. Com um rosnado quetornar-se elementolatir eextragrite eletorne-se mais uma vezem seudedos do péelançadono ar. Emais uma vezasurpresacheguei aquie eletornar-se introduzidoesmagadoramente para opiso. Desta vez eletornar-se

conscienteque issovir a
seraFiliação,Contudoseuinsanidadenão
conhecia cautela. Uma
dúziainstânciasele acusou, e
comoregularmenteaFiliaçãoquebrou
otaxae o derrubou. Após
umespecialmentegolpe feroz, ele se
arrastou para seudedos do pé,
atordoado demais para se apressar.
Ele cambaleou
frouxamenteaproximadamente, o
sangue que fluinarinae boca e ouvidos,
seuencantadorcasaco borrifado e
salpicado de escrava sangrenta. Entãoa
pessoa superioreintencionalmentedeu-
lhe um golpe terrívelna narina.
TodosdorEle tinhapersistiu se
tornouComonada comparadocom
otremenda dordisto. Com um rugido
quetornar-se quaseleonino em sua
ferocidade, elemais uma vezatirou-se
ema pessoa. Masa
pessoa,transferindoaFiliaçãoa partir
deapropriadopara a esquerda,
friamentegrudoudeleAtravés
dosaembaixomandíbula,em pé de
igualdadetempo torcendo para baixo e
para trás.
bodedefiniramumatodocírculodentro
doar, e1/2 dedoqualquer outro, em

seguida, caiu para opisona cabeça e no peito. Para ofinalvez que ele se apressou. ocaraatingiu ointeligentegolpe que ele havia retido propositalmentepor tanto tempo, e Buck se encolheu e desceu, bateutotalmentesem sentido. "Ele não é preguiçoso emcanino-amansar',isto éo que eu digo",um dos caras estava noparede gritou com entusiasmo. "Druthernaufrágiocayos qualquer dia, eduas vezesnos domingos,"vir a seraresponderdoa força motriz, enquanto ele subianocarroça ecomeçouos cavalos. Sentidos de Bucktenho aqui de novopara ele,porém agora não maisseupotência. Ele deitouno qualele havia caído, e de lá ele assistiua pessoa dentro do roxosuéter. " 'Respostas aoligarde Buck'"a pessoasolilóquio, citando a carta do dono do bar que haviaintroduzidoa remessa da caixa e do conteúdo. "Bem, Buck, meu rapaz", ele continuou com uma voz genial, "nós conseguimosteve nossa pequena ruína, e oaspecto agradável, somos capazes defazer épermitiristoCruzem que. Você temdescobriuseu lugar, e eureconhecerminha. Serum canino incrívele tudo vaide forma cruzadae o gansoaguardeAlto. Seja umhorripilante, e eu vou atirar em você. Entendeu?" Enquanto falava, ele deu um tapinha sem medoo pinaculoele tinha batido tão impiedosamente, emesmo assimO cabelo de Buck se eriçou involuntariamentecontatoda mão, elepersistiuistosemprotesto. Quandoa pessoa apresentadaágua ele bebeu avidamente, e depois atirou umbeneficiadorefeição decrueu no,mastigar, a partir dea pessoamão de. Eleficar sobrecarregado(ele sabia disso);Contudoeletorne-se agora não mais danificado. Elepercebido,assim quepara todos, que ele não resistiuameaça em oposição a uma pessoacom umFiliação. Ele tinhadescobriua lição, e em todo o seu depoisestilos de vidaelede maneira algumaesqueci. Esteadesãotornar-seuma revelação. Istovir a serseucriaçãoao reino da lei primitiva, e ele conheceu ocriaçãoa meio caminho. oem formaçãodoestilos de vidaassumiu um tom mais ferozelemento; eenquantoeleconfrontadoesteelementos em medo, eleconfrontadocomtodos oslatenteraposade sua natureza despertou. Comoos temposfuiAtravés dos,filhotes diferentescheguei aqui, em caixotes enopontas de cordas,um poucodocilmente, eum poucofurioso e rugindo como ele veio; e, um e todos, ele os observouporskipbeabaixo do reinodoa pessoa dentro do roxosuéter. Denovo emais uma vez, como elecheckout a cadadesempenho brutal, a liçãotornar-se domésticoenfrentar:uma pessoacom umadesãotornar-seum legislador, umapertoser obedecido,mesmo que agora não mais sempreconciliado.

Distofinalbodetornando-se de jeito nenhumculpado,mesmo assimele viucachorrinhos sobrecarregadosque bajuloua pessoa, e abanou o rabo, e lambeu a mão. Também elepercebido1canino,isso podenem conciliar nem obedecer,no fimmortodentro da guerrapara maestria. Agora emais uma vez caras chegaram aqui, estranhos, que falavam animadamente, bajulando, e em todos ostipos de modelosparaa pessoa dentro do roxosuéter. E em talinstâncias que excediam o dinheiro entreos estranhos levaram um ouextradocachorroslonge com eles. bodeintrigado qualeles foram, porque elesde jeito nenhum voltei;por mais que se preocupedodestino se torna resistentesobre ele, e eletornar-se feliz em todas as ocasiões enquantoeletorne-se agora não maisselecionado. Ainda o seu tempová ali,dentro dofim,dentro da formadoum poucoenfraquecidocaraquem cuspiudanificadoInglêse muito extraordinárioe exclamações grosseiras que Bucknão conseguia reconhecer. "Sagrado!" ele chorou,enquantoseus olhos pousaram em Buck. "Aquele valentão da represacanino! Eh? Quanto?" "Trezentos eum presenteem que,"vir a serafaísca de respostadoa pessoa dentro do roxosuéter. "E parece'é dinheiro das autoridades, você não éforam dadosnenhum chute vindo, hein, Perrault?" Perrault sorriu. Considerando que oavaliardofilhotes eramexplodiu em direção ao céuAtravés dosa demanda inusitada,torne-se agora não maisuma soma injustapor essa qualidadeum animal. O governo canadensepoderianão seja perdedor, nempoderiaseus despachosTouro mais lento. Perrault sabiacachorros, eenquantoelecheck-outBuck ele sabia que elevir a serum em mil... "Um em dez mil", comentou mentalmente. bodenotadocashbyskipaentreeles etorne-se agora não mais maravilhado enquantoEncaracolado,um incrívelde natureza Newfoundland, e eletêm estadolevou emboraAtravés doso pequeno enfraquecidocara. Estevir a serafinalelepercebidodoa pessoa dentro do roxosuéter, e como Curly e elecheck-outrecuando Seattle do convés do Narwhal,vir a serafinalelepercebidodoo agradável e aconcheganteTerra do Sul. Curly e eletêm estadoocupadopor baixoPerrault ecresceu para se tornarpara um preto-confrontado massivo conhecido comoFrançois. Perraultvir a serum franco-canadense e moreno;ContudoFrançoisvir a serum franco-canadense1/2 de- raça, eduas vezescomo moreno. Elastem sido um novo tipo de caraspara Buck (do qual elevir a serdestinadoespiarmuitosextra), eenquantoeleavançadonenhuma afeição por eles, ele nenhum omuito menoscresceuvirtualmenteparaapreciar eles. Eleem tempo hábildescobrirque Perrault e Françoisforam verdadeiros caras, calma eindependentena administração da justiça, e tambéminteligente por dentrodocachorrosSer enganadoatravés de filhotes. Nos conveses do Narwhal, Buck e Curly juntaram-secachorros diferentes. Um delesvir a serumamaciço, branco como a neve de Spitzbergen queforam introduzidosum jeitoAtravés dosum capitão baleeiro, e que mais tardeobservadouma Pesquisa Geológica nos Sertões. Elevir a seramigável, em um traiçoeirotipo de maneira, sorrindo na cara oenquantoeleponderou algunstruque secreto, como, por exemplo,enquantoele roubou do Buck'srefeiçõesnoo primáriorefeição. Quando Buck saltou para puni-lo, o chicote de François cantouatravéso ar,realizandoainfratorprimeiro; enadapermaneceu para BuckContudoparamelhorarO osso. Estetornar-se verdadeirode François, decidiu, e o1/2 de-raçacomeçouseuimpulso para cimana estimativa de Buck. ocanino diferentenão fez avanços nemadquiridoalgum; também, ele fezagora não tente mais e peça emprestadodos recém-chegados. Elevir a serum sujeito sombrio e rabugento, e eleconfirmadoEncaracoladoparece que cada umelefavorecido tornar-seser deixadosozinho, e ainda, que hápoderiaserproblemase elejá não foram maisdeixeisozinho. "Dave" eletornou-se conhecido como, e ele comeu e dormiu, ou bocejouentre instâncias, e leveipassatempodentronada,agora não mais mesmo seo Narval atravessou o estreito de Queen Charlotte e rolou e arremessou e corcoveou como umaspectopossuído. Quando Buck e Curly ficaram excitados,1/2 deselvagem compreocupar, ele levantou a cabeça comomesmo assimincomodado,desejadocom um olhar desinteressado, bocejou e adormeceumais uma vez. Dia eperíodo noturnoaentregarpulsava ao ritmo incansável da hélice, emesmo que um dia se torne muito semelhante a qualquer outro, istotornar-se óbviopara Buck que oo clima se desenvolve gradualmentemais frio. Nofinal, uma manhã, a hélicevir a serquieto, e o Narvalvir a serpermeado por umameio Ambientede excitação. Ele sentiu, assim comoos filhotes opostos, e sabiaque uma alternativa se tornaà mão. François os amarroue levadoeles no convés. Nopasso umsobre osem sanguesuperfície, Buckdedos do péafundoudireito em umbrancocoisa suave muito semelhante alama. Ele saltounovamentecom um bufo. Mais dessa coisa brancavir a serquedaatravéso ar. Ele se sacudiu,porém extradisso caiu sobre ele. Ele cheirou curiosamente, então lambeuum poucopara cima em sua língua. Mordeu como fogo, eo subseqüente imediatamente se tornarse foi. esteperplexodele. Eletentadaistomais uma vez, com oigualresultado. Os espectadores riram ruidosamente, e ele se sentiu envergonhado, ele sabiaagora não maispor que, para issovir a sersua primeira neve.

oregulamentodoFiliaçãoe fang primeiro dia de BucknoCorantebeira-mar tornou-secomo um pesadelo. Toda horaficou cheio de surpresae surpresa. Elefomos de repenteempurrou docoração coronárioda civilização e atirou-se para ofatores coronarianosprimordial. Sem preguiçoso, beijado pelo solexistência tornou-seisso,

comnadafaçamContudopão e ficar

entediado. Aquipassou a sernem paz, nemrelaxamento, nem umsegundosegurança. Tudopassou a serconfusão e ação, ecada segunda existênciae membrotêm estadoem perigo. Látornou-se um desejo vitalsercontinuamentealerta; poraqueles cachorrinhoseos caras agora não são mais cachorros da cidadeerapazes. Elastêm estadoselvagens, todos eles, que não conheciamregulamento no entanto o regulamentodoFiliaçãoe presa. Ele tinhade jeito nenhum cãezinhos visíveiscombatComoEssacriaturas lupinas lutaram, e seu primeirodesfrutarensinou-lhe uma lição inesquecível. Isso éreal, istopassou a serum vicáriodesfrutar, senão eleagora não podia maisviveu atérenda com a ajuda do usoisto. Encaracoladopassou a sera vítima. Elastêm estadoacampadoperto dea loja de logs,no qualela, nelaagradável, avançou para um huskycanino a escalade um lobo adulto,embora agora não seja mais 1/2 deassimmaciçocomo ela. Lápassou a sernãoCuidado,mais práticoumaquicarcomo um flash, umaçoclipe dedente, umaquicarForaigualmente rápido, e o rosto de Curlypassou a serrasgado do olho ao maxilar. Istopassou a sero lobocaminhodoprevenindo, para atacar equicarum jeito;no entanto, tem havido maiora isso do que isso. Trinta ou40huskies correram para o local e cercaram opartes em guerraem umrazãoe círculo silencioso. Buck fezagora não percebe maisaquela intenção silenciosa, nem aespertalhãocom que elestêm estadolambendo seus beiços. Curly apressou seu antagonista, que atacoumais uma veze saltou para o lado. Ele a conheceusubseqüentecorrerjunto com elepeito, emum estilo estranhoque a derrubou delapés. Elade jeito nenhumrecuperou-os, Estepassou a sero que os huskies presentes esperavam. Eles se aproximaram dela, rosnando e ganindo,e ela ou ele se tornouenterrado, gritando de agonia,por baixoa massa eriçada de corpos. Entãoinesperado se tornouisso, e tão inesperado, que Buckpassou a serpego de surpresa. ElepercebidoSpitz correu sua língua escarlate em ummaneirasele tinha de rir; e elepercebidoFrançois, balançando um machado, salta para a confusão decachorros.

Trêsrapazescomequipamentos de golfe têm ajudadoele para espalhá-los. Ele fezagora não maislevalongo. Doisminutosdesde o momento em que Curly caiu, ofechamentode seus agressorestêm estadobatido. Mas ela ficou lá mole einútil dentro doneve sangrenta e pisoteada,quase na verdaderasgado paraporções, o moreno1/2 de-raçastatussobre ela e xingando horrivelmente. A cenafreqüentemente tenho aqui nas costaspara Buck paraproblemaele em seu sono. De modo apassou a seramaneiras. NãoverdadeiroToque. Uma vez para baixo, issopassou a seraSairde você. Bem, elepoderiacuide para que elede jeito nenhumfoi abaixo. Spitz correu a língua e riumais uma vez, e a partir dissosegundoBuck o odiava com umaazedoe ódio imortal. Antes de se recuperar dosurpresa por causa deo trágico falecimento de Curly, eleobteve alguma outra surpresa. Françoismontadosobre ele umAssociaçãode tiras e fivelas. Istopassou a serum arnês,junto comEle tinhavisívelos noivoscolocado sobreos cavalos em casa. E como ele tinhavisívelcavalospinturas, então elepassou a serdefinido comopinturas, transportando François em um trenó para oÁrea arborizadaque margeava o vale, e voltando com um carregamento de lenha. Embora sua dignidadepassou a serdolorosamentedanos com a ajuda de usar consequentementesendo feito um animal de tração, elepassou a sertambéminteligentese rebelar. Ele se curvou com uma vontade e fez o seuqualidade,mesmo assimistopassou a sertudo novo e estranho. Françoispassou a serpopa,perturbador imediatoobediência, ecom a ajuda do uso de recurso distintivode seu chicote recebendoimediatoobediência;ao mesmo tempo comoDavi, quepassou a serumespecializadowheeler, beliscou os quartos traseiros de Buckcada vezelepassou a serem erro. Spitzpassou a sero líder, tambémespecializado, eao mesmo tempo comoelenormalmente não poderiachegar a Buck, ele rosnou forte reprovação agora emais uma vez, ou astutamente jogou seu pesodentro das linhaspara empurrar Buck para omaneiraseletem que se mexer. bodedescobertofacilmente, eabaixo deatreinamento mistodeleassociadose

François fezTop de linhaprogresso. Antes que elesnovamentepara acampar ele sabiasuficienteparaevitaem "ho",mover-se com antecedênciaem "mush", para balançarextenso nocurvas e parapreservar limpodo volanteenquantoo trenó carregado disparou morro abaixo em seus calcanhares. "T'reevair'filhotes certos", Françoisinformado Perrault. "Dat Buck, heem pool lak hell. Eu gosto de qualquer coisa." À tarde, Perrault, quepassou a serdentrouma correriaserno caminho junto com seudespacha,novamentecomcachorros maiores. "Billee" e "Joe" eleconhecido comoeles, irmãos, erealhuskiescada. Filhos dea única mãe emboraelastêm estado, elastêm estadoComoúnicocomo dia eperíodo noturno. A única falha de Billeepassou a serseudireito imoderadonatureza,ao mesmo tempo comoJoãopassou a serexatamente o oposto,amargoe introspectivo, com um rosnado perpétuo e um olhar maligno. bodeobtidoeles em camaradagemestilo, Daveabandonadoeles,ao mesmo tempo comoSpitz passou a bater primeiroapós o que a alternativa. Billee abanou o rabo de forma apaziguadora,passou a

serpara
correrenquantoelepercebidoaquele
apaziguamentopassou a sersem
sucesso, e chorou (mesmo
assimapaziguadora)enquantoSpitz é
afiadodentemarcou seu flanco.
Masindependentemente decomo
Spitzvirou-se, Joe girouredondoem seus
calcanharesficar de péele, juba eriçada,
orelhas colocadasparte inferior das
costas, lábios se contorcendo e
rosnando, mandíbulas
cortandocoletivamenteComorápidocom
o eledeveestalar, e os olhos
diabolicamente brilhando - a
encarnação do beligerantepreocupar.
Entãohorrível se tornouseuolharaquele
Spitzficou pressionadorenunciar a
discipliná-
lo;Contudoparacapuzseupessoaldesconc
ertá-lopassou a sersobre o inofensivo e
lamentoso Billee e o levou para os
limites do acampamento.
PornoitePerrault seguroalgum outro
canino, umvintagerouco,longoe magro e
esquelético, com um rosto cheio de
cicatrizes de batalha e umsolteiroolho
que brilhou umCuidadode bravura que
comandavaapreciar. Eleficou conhecido
comoSol-leks,Isso significa queo

Irritado. Como Dave, elepediu nada, deramnada,previu nada; eenquantoele marchava devagar eintencionalmenteno meio deles, até Spitz o deixou sozinho. Ele tinha uma peculiaridade que Bucktornou-se insuficientedescobrir. Ele fezagora não quer maisser abordado em seu lado cego. Desta ofensa Buckpassou a serculpado sem querer eas informações primáriasele teve de sua indiscriçãotornou-se enquantoSolleks virou-se para ele e cortou seu ombro até o osso por3centímetros para cima e para baixo. Para sempre depois de Buckevitadoseu lado cego, e para ofechando em seuscamaradagem não tinhaproblema maior. Delemais prático óbvioambição, como a de Dave,passou a serser deixado sozinho;mesmo assim, como Bucktornou-se mais tardeparapesquisar,tododeles possuídosum extra ou mesmo grande essencialambição. Esteperíodo noturnobodeconfrontadoaproblema notávelde dormir. A tenda, iluminadacom o auxílio do usouma vela, brilhava calorosamentedentro domeio da planície branca; eenquantoele, como umser contadoclaro, entrou,cadaPerrault e François o bombardearam com maldições e utensílios de cozinha,atéele se recuperou de sua consternação e fugiu vergonhosamente para o exteriorsem sangue. UMArelaxarventopassou a serum sopro que o beliscou com força e mordeu com veneno especial seu ombro ferido. Ele deitounoneve etentoudormir,No entanto, ogeadarapidamenteo levou a tremerpés. Miserável e desconsolado, ele vagouaproximadamente alguns dosmuitas barracas,mais práticoparalocalizarAqueleárea tornou-seComosem sangueComoalgum outro. Aqui e ali selvagemcachorroscorreu sobre ele,Contudoele arrepiou os cabelos do pescoço e rosnou (porque eletornou-se rápido no estudo),e que eles permitemdelejogadaseumaneirasnão molestado. Finalmente umconceitocheguei aquipara ele. Elepoderia voltar e vercomo o deletripulação pessoal-associados foramfazendo. Para seu espanto,que elesdesaparecido. Novamente ele vagouaproximadamente atravésanotávelacampamento,buscando eles emais uma vezelenovamente. Eles eramdentro dobarraca? Não, issonão poderiaseja, senão eleagora não podia mais ser empurradoFora. Entãoem que deveriaelasprovavelmenteser? Com a cauda caída e tremendoquadro, muito desamparado, ele sem rumovirou-sea tenda. De repente a neve deumaneira por baixosuas patas dianteiras e ele afundou. Algo se contorceuabaixo deseupés. Ele saltouparte inferior das costas, eriçado e rosnando,com medo deo invisível e o desconhecido. Mas umprazerosopequeno grito o tranquilizou, e ele foiparte inferior das costasinvestigar. Um sopro deaquecero ar subiu às suas narinas, e ali, enroladoabaixo dea neve emum confortávelbola, leiga Billee. Ele gemeu de forma apaziguadora, se contorceu e se contorceuexporseucertovontade e intenções,ou mesmose aventurou, como suborno pela paz, a lamber o rosto de Buckjunto com seu calor úmidolíngua. Outra lição. De modo apassou a seramaneiraseles fizeram isso, hein? bodeesperançosamente decididoum ponto e comtoneladasconfusão e desperdíciotentarpassou a cavar umocopara ele mesmo. Em um instanteo calordeleemolduradoaárea restritae elepassou a serdormindo. O diaeram longose árduo, e ele dormiu profundamente e confortavelmente,mesmo assimele rosnou e latiu e lutou comhorrívelsonhos. Nem abriu os olhosatéexcitadocom o auxílio do usoos ruídos do acampamento de vigília. No começo ele fezagora não percebem em queelepassou a ser. tinha nevadodurante todoaperíodo noturnoe eletornou-se absolutamentesepultado. A nevepartiçõespressionou-ocadalado, e umnotávelsurto depreocuparvarridoatravésdele-a preocupaçãodo selvagemaspectopara oatrair. Istopassou a serum sinal de que elepassou a serouvindoinferior para trásseuexistência pessoalpara a vida de seus antepassados; para elepassou a serum civilizadocanino, indevidamente civilizadocanino, e de suadesfrute pessoalnão sabiaatraire entaonão poderiade si mesmopreocuparisto. otecidos muscularesdelecompleteframeshrunkesp asmódica e instintivamente, os cabelos em seu pescoço e ombros se arrepiaramSair, e com um rosnado feroz ele saltouimediatamenteaté o dia ofuscante, a neve voandoaproximadamenteele em uma nuvem cintilante. Antes de pousar em seupés, elepercebidoo acampamento brancodesdobrarForamais cedo do queele e sabiano qualelepassou a sere lembrei de tudo que tinhasuperadoa partir do momento em que ele foi para umandarcom Manuel aoocoele havia cavado para si mesmo onoite mais cedo do que. Um grito de François saudou seuolhar. "O que eu digo?" acanino-força motrizgritou para Perrault. "Dat Buck paracertas pesquisasestranho como qualquer coisa." Perrault assentiu gravemente. Como mensageiro do governo canadense, levandocríticodespacha, eletornou-se perturbadorparaestábuloacachorros de qualidade, e eletornou-se especialmentecontentecom o auxílio do usoapropriedadede Buck. Trêsmaiorhuskiesforam trazidospara otripulação internauma hora, fazendouma completade nove, eantes de alguma outra zonade uma hora tinhasuperadoelastêm estadono arnês e balançando para cimacaminho em direçãoo Dyea Canon. bodeficou satisfeitoter ido, emesmo assimapinturas se tornaram difíceiselelocalizadoele fezagora não mais especialmentedesprezá-lo. Eleficou maravilhado oânsia quevivazaequipe completae qualpassou a sercomunicado a ele;no entanto, de repente, tornou-se maioraextrapolarforjado em Dave e Sol-leks. Elastêm estadonovocachorros,completamente convertido com a ajuda do usoo arnês. Toda passividade e despreocupação haviam desaparecido deles. Elastêm estadoalerta e ativo,perturbadorque opinturas têm que se mover adequadamente, e ferozmente irritável com o que quer que seja,com a ajuda do uso de desativaçãoou confusão, retardado quepinturas. A labuta dolinhas consideradasaexcelenteexpressãoem seuser, e tudo o que eles viveram e oHandiestaspecto em queeles se deliciaram. Davepassou a serroda ou trenócanino, puxando para dentroa frentedelepassou a serBuck, entãová aliSol-leks; arelaxamentodotripulação tornou-seamarradoantecipadamente,solteiroarq uivo, para o líder, quefunção ficou compactada com a ajuda do usoSpitz. bodenós estamospropositalmentelocalizado entreDave e Sol-lekspara queelepossivelmente obteriainstrução. Aptoalunoque elepassou a ser, elasforam semelhantesprofessores aptos,de forma alguma permitindoele para demorarlongoem erro, eimplementandoseustreinarcom suas afiadasdente. Davetornou-se verdadeiro e muito inteligente. Elede jeito nenhumbeliscou Bucksemcausa, e elede jeito nenhum nãobeliscar eleenquantoele ficou emquererdisso. Como o chicote de Françoissubsidiadoele para cima, Bucklocalizadoque sejamenos caro para consertarseumétodosdo que retaliar. Uma vez,durante todoumacurtoparar,enquantoeleforam dadosemaranhadodentro das linhasenão no tempoo começo,cadaDave e Solleks voaram até ele e administraramum legítimotrucidando. oconsequenteemaranhadopassou a serpior ainda,ContudoBuck pegoucertoImportar-se compreservaralinha limpaDepois disso; e antes do diatornou-se realizado, assimdevidamentese ele tivesse dominado seupinturas, seuassociados aproximadamentedeixou de importuná-lo. O chicote de François estaloumuito menosfrequentemente, e Perrault atéveneradobodecom o auxílio do usolevantando seue inspecionando minuciosamenteeles. Istopassou a serumadifícilcorrida do dia, até o Canon,atravésacampamento de ovelhas,aléma balança e omadeiralinha,por todogeleiras e nevascascargasdopésprofundo e sobre onotávelChilcoot Divide, que ficadentrea água salgada e olimpare guarda proibitivamente oinfelize solitário norte. Eles fizeramcertotempo descendo a cadeia de lagos que enche as crateras de vulcões extintos, eatrasadoesteperíodo noturnopuxado para dentroamplaacampar emo topodo Lago Bennett,em que lotesde caçadores de ouroforam construindobarcosem direçãoaestragar-up do gelodentro doprimavera. Buck fez suaoco dentro doneve e dormia o sono dos justos exaustos,Contudotudo muito cedopassou a serencaminhado para foradentro do sem sangueescuridão e aproveitadojunto com seus associadospara o trenó. Naquele dia eles fizeram40milhas, ocaminhosendo embalado;no entanto, o subsequentedia, epor muitodias a seguir, eles quebraram seuscaminho pessoal,trabalhoumais difícil, e fez o tempo mais pobre. Via de regra, Perrault

viajavaantecipadamentedoequipe técnica, embalando a neve com teiacalçadospara fazer issomenos difícilpara eles. François, guiando o trenónoGee-pole,Em ocasiãotrocadoLocalizaçõescom ele,no entanto agora não é mais frequente. Perraultpassou a serdentrouma correria, e ele se orgulhava de suaem formaçãode gelo, queinformação tornou-seindispensável, parao outonogelopassou a sermuito fino eem que houve rapidezagua,houvenada de gelo. Dia após dia, por dias sem fim, Buck trabalhoudentro das linhas. Sempre, eles levantaram acampamentodentro doescuro, eo cinza primáriodolocalizado ao nascer do soleles batendo nocaminhocomlimparmilhas enroladasna parte de trás deeles. Eusualmenteacamparam depois de

escurecer,consumindoseusPequena
porção depeixes e rastejando para
dormir na neve. bodepassou a servoraz.
A libra e um1/2 dede salmão seco ao
sol, quepassou a sersua ração
paratododia,considerado para
moverlugar algum. Elede jeito
nenhumtevesuficiente, e sofria de
perpétuainaniçãodores. Aindaos filhotes
alternativos,devido ao fatoeles
pesarammuito menosetêm
estadonascido para
oexistência,obtidouma libramais
práticodos peixes
econtroladaparapreservardentrocertodo
ença. Elecolocado às pressaso capricho
que tinhacaracterizadoseuexistência
vintage. Delicioso comedor,
elelocalizadoque o
deleassociados,completandoprimeiro,
roubou-lhe sua ração inacabada.
Lápassou a sernãoprotegendoisto.
Enquanto eletornou-se prevençãopor3,
istopassou a serdesaparecendo na
garganta dos outros.
Paratratamentoisso, ele comeu
comorápidoenquanto eles; e
entaosignificativamentefezinaniçãoobrig
á-lo, eletornou-se agora não maisacima
de tomar o que fezagora não

maispertencem a ele. Ele assistiu edescoberto. Quando elepercebidoPique,um dosnovocachorros, umainteligentefingidor e ladrão, astutamenteladrãouma fatia de baconenquantode Perraultparte inferior das costas tornou-se, ele duplicou odesempenho geral o subsequentedia, fugindo comcompletopedaço. UMAnotávelalvoroçopassou a sercriado,Contudoelepassou a serinsuspeito;ao mesmo tempo comoDublagem,um desajeitadotrapaceiro quetornou-se geralmentesendo pego,passou a serpunido pelo crime de Buck. Este primeiroroubomarcou Buck comoCombineparacontinuar a existir dentro da oposiçãoAmbiente nordestino. Isso marcou sua adaptabilidade, suacapacidadeparaalterarele mesmo paraconvertendocondições,a escassezdas quaispoderiatenhosupostamente rápidoehorrívelmorte. Marcou, ainda, a decadência ou a idaporçõesdeleéticonatureza, umaspecto inútile uma deficiênciadentro docruelconflitopara a existência. Istopassou a sertudoadequadamente suficiente dentro doTerra do Sul,abaixo dearegulação do afetoe companheirismo, paraapreciar os pertences pessoais e privadossentimentos;porém dentro doTerra do Norte,abaixo dearegulamentodoFiliaçãoe fang, quem tomou talassuntos em consideração tornaram-seum tolo, e ema este pontocomo eledescobertoeles elepoderiadeixar de prosperar. Não que Buck tenha raciocinado. Eletornou-se partida, estepassou a sertudo, e inconscientemente ele se acomodouo novoModo deexistência. Todos os seus dias,independentemente dequais as chances, ele tinhade jeito nenhumcorrer de umcombate. Mas oFiliaçãodoa pessoa dentro do rosasuéter tinhasobrecarregadonele ummaior essenciale código primitivo. Civilizado, eledevemorreram por umatenção ética, diz a defesa do chicote do juiz Miller;No entanto, ocompletude de sua descivilizaçãopassou a seragora evidenciadocom o auxílio do usoseucapacidade de escaparda defesa de umatenção éticae entaoguardaseu esconderijo. Ele fezagora não é mais ladrãoporprazerdisso,no entanto devido ao clamor delebarriga. Ele fezagora não maisroubar abertamente,Contudoroubou secreta e astutamente, deapreciarporFiliaçãoe presa. Em suma, oassuntosele fezforam realizados; tornou-se impossível de ser difícilpara fazê-los do queagora não maispara fazê-los. Seu desenvolvimento (ou retrocesso)passou a serrápido. Deletecidos musculares tornaram-se difíceiscomo ferro, e ele se tornou insensível a todosregulardor. Elefinalizadouminterior além de exterioreconomia. Eledeveria consumirnada,independentemente dequão repugnante ou indigesto; e,assim quecomido, os sucos de suabarrigaextraiu ofechamentomenor partícula de nutriente; e seu sangue o levou até os confins de suaquadro,construindoisso nomais difícile mais resistente dos tecidos. Visão efragrância inebriante tornaram-senotavelmente ansioso,ao mesmo tempo comoseuouvindo avançadotal agudezaque duranteseu sono, ele ouviu o som mais fraco e sabiaindependente da respostaanunciava paz ou perigo. Eledescobertoparapedaçoo gelo forajunto com histoothwhileistoacumulado entreos dedos dos pés; eenquantoelepassou a sercom sede ehouveuma espessa espuma de gelo sobre a águaoco, elepoderia estragaristocom o auxílio do usocriação ecolocaçãocom patas dianteiras rígidas. Delemáximotraço conspícuopassou a serumcapacidadeparafragrância inebrianteo vento e prevê-lo umperíodo noturnoantecipadamente. Nãoser contadoquão sem fôlego o arenquantoele cavou seu ninhocom o auxílio do usoárvore ou banco, o vento que mais tarde soprouinevitavelmente localizadoele a sotavento, protegido e aconchegado. Eagora não mais acessívelelepesquisar com a ajuda de usar,Contudoinstintoslongos sem vida tornaram-sevivomais uma vez. As gerações domesticadas caíram dele. Dentrométodos indistintosele lembrouparte inferior das costaspara oJovensda raça, ao tempo que o selvagemcachorrosvariou em pacotesatravéso primitivoÁrea arborizadae mataram sua carne enquanto a abateram. Istopassou a sernãoatribuiçãopara eledescobrir maneiras de combatercomreduzirereduzireo rápidoestalo de lobo. Nissocaminhotinha lutado com ancestrais esquecidos. Eles aceleraram ovintageexistência dentroele, e odicas vintagequeque elescarimbado na hereditariedade da raçatêm estadoseudicas. Elasvá alipara elecom tentativa de saídaou descoberta, comomesmo assimelasnós estamosseuusualmente. Eenquanto,no entanto, sem sanguenoites, ele apontou seunarinanouma celebridadee uivoulongoe como um lobo, épassou a serseus ancestrais,sem vidae poeira, apontandonarinanogrande nomee uivando para baixoatravésos séculos eatravésdele. E suas cadênciastêm estadosuas cadências, as cadências que expressaram sua dor e o que para elespassou a seraque significada rigidez e asem sangue, e escuro. Assim, como prova do que um fantocheaspectoexistênciaé omúsica históricasurgiuatravésele e elevá aliem seuspessoal mais uma vez; e elecheguei aqui devido aos caras do

fatotevelocalizadoum   amareloaço
dentro   doNorte,   edevido   ao
fatoManoelpassou a serajudante de
jardineiro cujo salário nãoagora não
maiscolo sobre odesejosdelecônjugee
diversas pequenas cópias de si mesmo.
A besta primordial dominante A besta
primordial dominantetransformado em
robustoem   Buck,   eabaixo   deo
ferozsituaçõesdoexistência
patológicacresceu e cresceu. Ainda
assimmudou
paraumamistériocrescimento. Delenova
criança raposadeu-lhe equilíbrio e
controle.   Elemudou   paraocupado
demais   se   ajustandoa   nova
existênciaparasensoà vontade, eagora
não é mais o melhoreleagora não escolha
maislutas,Contudoeleimpedidoelescada
vezpossível.
UMAclarodeliberaçãocaracterizadoa
atitude dele. Elemudou para agora não
corre mais o risco deerupção e ação
precipitada;   edentro   do
azedoódiodentreele e Spitz ele não
traiu   nenhuma   impaciência,mantido
longe detodos os atos ofensivos. Sobreo
opostomão,com toda a probabilidade
devido ao fatoele adivinhou em Buck
umarriscadorival, Spitzde jeito nenhum

mal
colocadoumpossibilidadedoexibindoseue
smalte. Ele até saiu do seumaneiraspara
intimidar Buck, esforçando-
secontinuamente para começaracombate
que pode sair melhor dentro da morte de
1ouo oposto. Cedodentro do carro isso
poderiatomaramproximidadetinha
issoagora não maisfoi por um acidente
inesperado. NoSairdono momentoeles
fizeram uma sombria
edeprimenteacampamentonomargem
do Lago Le Barge. Conduzindo neve,
um vento quereduzircomo um branco-
calorosofaca, e a escuridão
tinhacompelidoque tateem por
umproximidades. Elaspode querer
raramentetêm se saído pior. Atrás deles
erguia-se uma parede perpendicular
de rocha, e Perrault e Françoisforam
forçadospara fazer o
seulareiraedesdobrarseusroupões de
soneca nogelo do próprio lago. A
tendaque elesdescartado em Dyeacom
um propósito de viagemleve. Algumas
varas de madeira
flutuantefornecidocom elesuma
lareiraque descongelouatravéso gelo e
os deixoudevorarjantardentro do
escuro. Fecharabaixo dea rocha

protetora que Buck fez seu ninho. Entãoconfortáveletransformado em calorisso, que elemudou paradetestarpartiristoenquantoFrançoi satribuídoo peixe que ele havia descongelado pela primeira vez sobre olareira. Masenquantobodeconcluídosua ração enovamente, eleobservadoseu ninho ocupado. UMACuidadorosnarinstruídoele que o invasormudou paraSpitz. Até agora Buck tinhaprevenido aborrecimento junto com suainimigo,Contudoistomudou paramuito. A besta nele rugiu. Ele saltou sobre Spitz com uma fúria queespantadoambos, e Spitz em particular, por suacompleto deleite-secom Buck tinhamuito longeparaeducarele que seu rivalmudou paraumestranhamentetímidocanino, quemcontroladaparamanterseumuito próprio devido aseuexcepcionalpeso e tamanho. Françoismudou para espantado, também,depois delesdisparou em um emaranhado do ninho destruído e ele adivinhou omotivodoproblema. "Aa-ah!" ele gritou para Buck. "Gif it to heem,por meio deGar! Gif para heem, osujot'eef!"

Spitzmudou de forma semelhantedisposto. Elemudou parachorando de pura raiva e ânsia enquanto elegirado para trás e para frenteparaameaçapara entrar. Buckmudou paranãomuito menosansioso e nãomuito menoscauteloso, pois ele tambémgirado para trás e para frentepela vantagem. Mas issomudou paraentão que osurpreendenteaconteceu, ofatorque projetou suabatalhapela supremaciaalguma distânciano futuro,alémmuitas milhas cansadas decaminhoe labuta. Um juramento de Perrault, o retumbanteefeitode umFiliaçãosobre uma estrutura óssea, e um grito estridente dedor, anunciou a eclosão do pandemônio. O campomudou para abruptamente determinadoestar vivo com skulkingpeludoformas,—vorazhuskies,4ou5classificaçãodeles, que farejaram o acampamento desdeum poucoaldeia indiana. Eles tinham se infiltradoao mesmo tempo comoBuck e Spitztem evitado, eenquanto os 2 carasbrotouentreeles com firmezaequipamento de

golfeelasconfirmadoseusesmaltee
lutouparte inferior das costas. Elastêm
estadoenlouquecidopor   meio
deaodordorefeições.
Perraultobservadoum com a cabeça
enterradadentro   dogrub-recipiente.
DeleFiliaçãopousadode perto ocostelas
magras, e o grub-recipiente mudou
paravirounochão.   Nono
instantâneoumaAvaliaçãodos   brutos
famintostêm estadolutando pelo pão e
bacon. oequipamento de golfecaiu sobre
eles sem ser atendido. Eles gritaram e
uivaramabaixo   dea   chuva   de
golpes,Contudolutou nenhum omuito
menosloucamenteatéafinalmigalhanós
estamosdevorado.   Noprovisórioo
espantadogrupo-cachorrostinha
estouradoem   seuninhosmelhorser
colocado em cimapor meio deos ferozes
invasores.   Nunca   teve
Buckvisíveltalcachorros.
IstoconsideradaComomesmo assimseus
ossospoderiaexplodidoatravéssuas
peles. Elastêm estadomeros esqueletos,
envoltos   frouxamente   em   peles
esfarrapadas, com olhos em chamas e
presas escravizadas. Mas a fome-
insanidadeos tornava aterrorizantes,
irresistíveis. Lámudou parasem se opor

a   eles.   ogrupo-filhotes foramvarridocostas inferiores em oposição ao penhasco emo primárioinício.   bodemudou paracercadopor meio de 3huskies, e em um instante sua cabeça e ombrostêm estadorasgado e cortado. O barulhomudou   paraassustador. Billeemudou   parachorando comonormal. Dave e Sol-leks, pingando sangue de umAvaliaçãode feridas,tem evitadobravamenteaspecto por meio de meio de aspecto. Joãomudou paraestalando como um demônio. Uma vez,   seuesmaltefechadonoperna dianteira de um husky, e ele esmagouatravésO osso. Pike, o fingidor, saltou sobre o animal aleijado, quebrando seu pescoço com umapresentaçãoflash deesmaltee um idiota, Buckforam dadosum adversário espumantepor meio dea garganta, emudou parapulverizado com sangueenquantoseuesmalteafundouatra vésa jugular. osabor de calordisso em sua boca o incitou aextraferocidade. Ele se lançou sobrequalquer outro, eno idênticoo tempo sentiuesmalteafundar em   seumuito   própriogarganta. Istomudou   paraSpitz,   atacando traiçoeiramente doaspecto. Perrault e François, tendolimpofora delesuma parte deo campo,moveu-se rapidamenteparaguardaseu trenó-cachorros. A onda selvagem de bestas famintas roloumais baixo antes do queeles, e Buck se livrou. Mas issomudou para o melhorpor um momento. ocaras foram forçadospara correrparte inferior das costasparaguardaa larva, sobre a qual os huskiesnovamentepara oassalto ao grupo. Billee, aterrorizado em bravura, saltouatravéso círculo selvagem e fugiu sobre o gelo. Pique e Dubacompanhadoem seus calcanhares, comrelaxamentodogrupo na parte de trás de. Como Buck desenhou a si mesmocoletivamentesaltar atrás deles, do rabo de seu olho elepercebidoSpitz investe contra ele com opropósito gritantede derrubá-lo. Uma vez fora de seudedos do péeabaixo deaquela massa de huskies,houvenãodesejopara ele. Mas ele se preparou para osurpresada carga de Spitz, então se juntou ao voo para foranolago. Mais tarde, o9grupo-filhotes acumulados coletivamentee procurouporto seguro dentro da área arborizada. Embora não perseguidos, elestêm estadoem uma situação lamentável. Lámudou para agora não mais pessoa que mudou para agora não maisferido em4ou5 locais,ao mesmo tempo que alguns foramgravemente ferido. Dublagemmudou paragravemente ferido em uma perna; Dolly, afinalroucoentreguepara ogrupoem Dyea, tinha uma garganta muito rasgada; Joe tinhaextraviadoum olho;ao mesmo tempo comoBillie, ocorreto-naturado, com uma orelha mastigada ealugarpara fitas, chorou e choramingoudurante todoaperíodo noturno. Noalvorecereles mancaram cautelosamenteparte inferior das costaspara acampar, paradescobriros saqueadoresmuito longeeos 2 carasdentrohorríveltemperamentos. Totalmente1/2 desua comidaentrega mudou para longe. Os huskies haviam mastigadoatravésas amarrações dos trenós e as coberturas de lona. Dentroverdade,nada,independente dequão remotamente comestível, havia escapado deles. eles tinham comidoum casaldo alce de Perrault-cobrirmocassins, pedaços docepas à base de couro,ou eventosde chicote doSairdo chicote de François. Ele rompeu de uma contemplação triste paraaparênciasobre seu feridocachorros. "Ah, meu amigo", eledeclaradobaixinho, "mebbe, mek, você está loucocanino, dose muitas mordidas. Mebe todo loucocanino, sagrado! O que você acha, hein, Perrault?" O mensageiro balançou a cabeça duvidosamente.4cem milhas decaminho no entanto entreele e Dawson, elepode querer não ter fundos paraTerfuga da loucura entreseucachorros. Duas horas de xingamento e esforçoforam dadosos arreios em forma, e a ferida endurecidagrupo mudou para baixo,Sofrimentodolorosamente sobre oparte mais difícil deacaminho que eles abririamencontrou, e para issonúmero de contagem, adifícil entreeles e Dawson. O Rio Trinta Milhasmudou para extensoabrir. Sua água selvagem desafiou a geada, emudou para dentro deredemoinhosmelhoredentro dotranquiloLocalizaçõesque o gelo continha. Seis dias dedurolabutatêm estadonecessário paraos de capuztrintahorrívelmilhas.

Ehorrívelelastêm estado, porcadapé delesalterado para realizado na

ameaçadoexistênciaparacaninoecara.
Uma dúziainstâncias, Perrault, farejando omaneirasquebrouatravésas pontes de gelo, sendoarmazenados por meio dealongomastro que ele carregava, que ele segurou de tal maneira que caiuem todas as ocasiões ao longoaocofeitopor meio deseuquadro. Masum friofotomudou paraligado, o termômetro registrando cinquentadebaixozero, eem todas as ocasiõesEle quebrouatravéseletransformado emforçado para uma existência terrívelparalar de construçãoe seque suas vestes. Nada o assustou. Istomudou para devido ao fato de nadaassustou-o que eleforam selecionadosporautoridadescorreio. Ele levou tudocaminhode riscos, enfiando resolutamente seu rostinho enfraquecido na geada eSofrimentoa partir do escuronascer do solparaescuro. Ele contornou a carrancalitoralno gelo da borda que se dobrava e estalavaabaixo depé e sobre o qual ousaramagora não maisparar. Uma vez, o trenó quebrouatravés, com Dave e Buck,e que eles foram 1/2 de-congelado e tudoContudoafogadopelo

pontoelastêm estadoarrastado para fora. olar normal mudou para vitalparaguardaeles. Elasforam cobertossolidamente com gelo eos 2 caras armazenadoselesnocorreem todo o lar, sudorese e descongelamento, entãoaproximarque elestêm estadochamuscadopor meio deAs chamas. Noainda denovoSpitz foiatravés, arrastando ogrupo completodepois deletanto quantoBuck, que se esticou para trás com toda sua força, suas patas dianteirasnoescorregadiofacetae o gelo estremecendo e quebrando tudoredondo. Masna parte de trás dedelemudou paraDave, também se esforçando para trás, ena parte de trás deo trenómudou paraFrançois, puxandoatéseus tendões racharam. Mais uma vez, o gelo da borda se separoumais cedo do queena parte de trás de, ehouvenãofugir além dissoaté o penhasco. Perrault escaloupor meio deUm milagre,ao mesmo tempo comoFrançois orou porsimplesmenteaquele milagre; e comcadaamarração de tanga e trenó e afinal um pouco deaproveitar vagar emuma extensãocorda, ofilhotes foramiçado, umpor meio deum, para a crista do penhasco. Françoisvá aliacimafinal, após o trenó e carga. Entãová aliaprocure uma áreadescer, qual descidamudou para no finalfeitopor meio dearecursoda corda enoite observadaelesparte inferior das costasrio com1/4de uma milha para o crédito do dia. No momento em que eles fizeram o Hootalinqua ecorretogelo, Buckalterado para realizadoFora. orelaxamentodofilhotes foramem comosituação;ContudoPerrault, para compensarextraviadoTempo,dirigidoele satrasadoe cedo. No primeiro dia elesincluídotrinta-5milhas até o Big Salmon;amanhãtrinta-5 extraao Pequeno Salmão; a0,33dia40milhas, queentregueelesdevidamenteacimana direção deos Cinco Dedos. Buck'sos dedos dos pés já não existem maistão compacto edifícil porque os dedos dos pésdos huskies. O dele abrandoutudo através dos váriosgeraçõespela razão de quedia delefinalancestral selvagemmudou paradomesticadopor meio deum cavernícola ou riocara. Dia todolongoele coxeava em agonia, e acampavaassim quefeito, deitou-se como umcanino sem vida. Faminto como elemudou para, elepode agora não circular maisparaadquirirsua ração de peixe, que Françoisnecessário para entregarpara ele. Também ocanino-força motrizesfregou Buckdedos do pépor1/2 deuma horatodas as noitesdepois da ceia, e sacrificou os topos de suamuito própriomocassins para fazer4mocassins para Buck. estemudou paraumaexcepcionalalívio, e Bucksolicitadoaté o rosto enfraquecido de Perraultcurvarse emum sorrisouma manhã,enquantoFrançois esqueceu os mocassins e Buck deitou-separte inferior das costas, seu4 dedosacenando de forma atraentedentro doar, e se recusou a cedersemeles. Mais tarde seudedos do pécresceudifícilpara ocaminho, e ascansadopé-ferramentas transformadas emjogar fora. Certa manhã, no Pelly, enquantotêm estadoaproveitando, Dolly, que tinhade jeito nenhumfoi conspícuo paraalgo, fuiabruptamentelouco.

Elaintroduzidosuasituação por meio de uma extensão, lobo comovente uiva queenviado por cada caninoeriçado compreocupar, então saltoudiretamentepara Buck. Ele tinhade forma alguma visívelumacruzamento caninolouco, nem tinhapropósitoparapreocupação insanidade;masele sabia dissoaqui transformado emhorror, e fugiulonge deisso em pânico. Imediatamente ele correu, com Dolly, ofegante e espumando, umsoar atrás de; nempode quererelabeneficiarnele, entãopendente mudou paraseu terror, nempode quererelepartirela, entãopendente mudou parasuainsanidade. Ele mergulhouatravéso peito arborizado da ilha, vooudireito todo o caminho atéadiminuir desistir, atravessou umparte inferior das costascanalembalado com difícilgelo paraqualquer outroilha,ganhou 3ºilha, curvaparte inferior das costasparao primáriorio, e em desesperocomeçouparajogadaisto.

Etodos osTempo,mesmo assimele fezagora não aparece mais, elepode querer ouvirseu rosnadosimplesmente1soar atrás de. Françoisreferido comopara ele1/4de uma milha de distância e ele dobrouparte inferior das costas,mesmo assim1dispararadiante, ofegando dolorosamente por ar econtextotodo delereligiãonaquele Françoispode

manterdele.   ocanino-força
motrizrealizou ofuradorposicionado em
sua   mão,   e   quando   Buck
disparoualémele ofuradorcaiu sobre a
cabeça   da   louca   Dolly.   Buck
cambaleouem   oposição   ao   trenó,
exausto,   soluçando,   indefeso.
estemudou paraSpitzpossibilidade. Ele
saltou   sobre   Buck,   eduas
vezesseuesmalteafundou   em   seu
inimigo sem resistência e rasgou e
rasgou a carne até o osso. Então o
chicote de François desceu, e Buck teve
aprazerdoProcurandoSpitzadquirira
pior chicotada comomasadministrado
a qualquer uma das equipes. "Um
demônio,   esse   Spitz",   observou
Perrault. "Algum dia da barragem
heem   dat   Buck."   "Dt   Buck
diabos,"mudou   paraA   réplica   de
François. "All de tam eu assisto aquele
Buck Ireconhecercom certeza. Ouça:um
poucobarragemmelhordia heem ficar
bravo lak hell e den heemmorderdat
Spitz todo e cuspiu na neve. Claro.
EUreconhecer." A partir daímudou para
luta   entreeles.   Spitz,   como
lídercaninoemencionadoagarrardogrupo
, sentiu sua supremacia ameaçadapor
meio   deistoincomumSouthlandcanino.

Eincomumbodemudou parapara ele, poros váriosSouthlandcachorrosele tinha conhecido,agora não maisum tinhacomprovadodignamente no acampamento e emcaminho. Elastêm estadotudo muito macio,morte abaixoa labuta, a geada e a fome. bodemudou paraa exceção. Elepor minha conta perseveroue prosperou, igualando o husky em força, selvageria eraposa. Então elemudou paraum magistralcanino, e o que o fezarriscado mudou paraaverdadeque oFiliaçãodoa pessoa dentro do roxosuéter tinha derrubado toda a coragem cega e imprudência de seuescolhapara maestria. Elemudou paraeminentementeraposa,e vontadeesperar seu tempo com umpersistênciaestemudou em nada muito menosdo que primitivo. Istomudou parainevitável que oconflitopora administração deveriavenha. bodedesejadoisto. Eledesejadoistocomo se transformou emsua natureza,devido ao fatoelenós estamosagarrado com forçapor meio deaquele sem nome, incompreensívelsatisfaçãodocaminhoe rastrear - quesatisfaçãoque detémfilhotes dentro dolabuta para ofinalsuspiro, que os atrai para morrer alegrementedentro doarrear, e quebra seus corações seeles são reduzidosfora do arnês. estemudou paraasatisfaçãode Dave como volante-canino, de Sol-leks enquanto puxava com toda sua força; asatisfaçãoque colocoumanterdeles emruínade acampamento,refazendoeles deamargoe brutos mal-humorados em esforços, ansiosos,negritocriaturas; asatisfaçãoque os estimulou durante todo o dia e os deixou cair no campo deperíodo noturno,permitindo-lhescairparte inferior das costasem inquietação sombria e descontentamento. estemudou paraasatisfaçãoque aborreceu Spitz e o fez bater no trenócachorrosque errou e se esquivoudentro das cepasouescondidolonge na hora do arreiodentro domanhã. Da mesma formamudou paraistosatisfaçãoisso o fezpreocuparBuck comoum prováველconduzir-canino. E istomudou paraBuck'ssatisfação, também. Eleabertamenteameaçadoo opostodegestão. Eletem entre aquiele e os shirks eledevepuniram. E ele fez isso deliberadamente. Umnoite houveuma forte nevasca edentro domanhã Pike, o fingidor, fezagora não maisaparecer. Elemudou parabem escondido em seu ninhoabaixo deum pé de neve. Françoisreferido comoele e o procurou emsem utilidade. Spitzmudou paraselvagem com ira. Ele se enfureceuatravéso acampamento, cheirando e cavandocada provavelmente vizinhança, rosnando tão assustadoramente que Pike ouviu e estremeceu em seu esconderijo.proximidade. Masenquantoelemudou paranofinaldesenterrado, e Spitz voou para ele para puni-lo, Buck voou, commesmoraiva, emdentre. Entãosurpreendente mudou paraisso, e tão astutamentecontrolada, aquele Spitzmudou paraarremessado para tráse obsoletoseudedos do pé. Pique, quenós estamostremendo abjetamente, tomoucoração coronárioneste motim aberto, e saltou sobre seu líder derrubado. Buck, a quemhonestoToquemudou paraum código esquecido, também surgiu no Spitz. Mas François, rindonoincidenteao mesmo tempo como confiável dentro da gestãoda

Justiça,entregueseu chicote sobre Buck com todas as suas forças. estenão deu poderBuck de seu rival prostrado, e a ponta do chicotemudou para entregueem jogo. Metade-arremessado via via de meio deo golpe, Buckmudou parabateu para trás e o chicote caiu sobre elemais uma vezemais uma vez,ao mesmo tempo comoSpitz puniu severamente otipicamenteofender Pike. Dentroos temposesteacompanhado, como Dawson cresceumais pertoemais perto, Bodeno entanto persistiuparaintervir entreSpitz e os culpados;Contudoele fez isso astutamente,enquantoFrançoismudou para agora não mais redondo, Com o motim secreto de Buck, umbem conhecidoa insubordinação cresceu e aumentou. Dave e Sol-lekstêm estadonão afetado,porém o relaxamentodogrupoveio dehorrívelpara pior. Coisasnãofuiapropriado. Lámudou em crônicabrigas e brigas. Problemamudou continuamentea pé, e emo mais baixodissomudou paraBode. ElearmazenadoFrançois ocupado, para ocanino-força motriz transformada emdentroconsistenteapreensão doexistência-e-morrendobatalha entre os

2que ele sabiaprecisolevaproximidade mais rápidoou mais tarde; e emum par de noiteos sons de brigas e conflitosos vários filhotes diferentes se tornaramele fora

delecochilandoroupão,assustadoaquele Buck e Spitztêm estadoNisso. Mas opossibilidadefezagora não é mais presenteem si,e que elesestacionado em Dawson em uma tarde triste com oexcelente combate no entantovir. Aquitêm estadomuitosrapazes, efilhotes infinitos, e Buckobservei todos elesnopinturas. Istoconsideradaa ordem ordenadade fatoresestecachorrinhos procuravam quadros. Durante todo o dia eles balançaram para cima e para baixoa avenida principaldentrolongoequipes, edentro da noiteseus sinos tilintandomesmo assimfuipor meio de. Eles transportaram toras de cabana e lenha, fretadostanto quantoas minas, e fez tudoforma de trabalhoque os cavalos fizeramdentro doVale de Santa Clara. Aqui e ali Buck conheceu Southlandcachorros,no entanto dentro da maiorelastêm estadoa raça husky de lobo selvagem. Todoperíodo noturno, regularmente, em9, aos doze, às3, eles levantaram um noturnoacompanhar,um incomume canto sinistro,em queistomudou paraBuck'ssatisfaçãopara juntar. Com a aurora boreal flamejando friamente acima, ouas celebridades pulando dentro dodança da geada, e a terra entorpecida e congeladaabaixo deseu manto de neve, esteacompanhardos huskiespoderia ter sidoo desafio deexistência,melhoristomudou paraafinado em tom menor, comlongolamentos desenhados e1/2 de- soluça, emudou para extrao pedido deexistência, o trabalho articulado da existência. Istomudou paraumfaixa vintage,vintage porque oraça em si—um dosprimeiras músicas deo mais jovem do mundodentrouma tardemúsicastêm estadotriste. Istomudou parainvestido com a dor de gerações incontáveis, este lamentopor meio dequal Buckmudou paraassimsurpreendentementemexido. Quando ele gemia e soluçava,mudou paracom odordoresidenteestemudou paradovintageadorde seus pais selvagens, ea preocupaçãoefilme de açãodosem sangueeescuroestemudou parapara elespreocuparefilme de ação. E que eledeveser agitadopor meio demarcou a completude com que ele ouviainferior para trásamuito tempodolareirae teto paracruinício deexistência dentro douivandomuito tempo. Sete dias a partir do momento em que pararam em Dawson, eles desceram a íngremeinstituição financeira por meio deo Quartel até a Trilha Yukon, e puxado para Dyea e Salt Water. Perraultmudou para vestirdespacha sealguma coisa expressandodo queaquelesEle tinhaentreguedentro; também osatisfação da viagemo havia agarrado, e ele se propôs a fazer opasseio de arquivoDo ano. Diversosassuntos desejadosele nisso. A da semanarelaxamentohavia recuperado ocachorroseposicionado-los em guarnição completa. ocaminho que eles danificaramnou .s .a . mudou paraembaladomaneira resistente de meios deviajantes posteriores. E mais, a polícia tinhaorganizadoem ou3 locaisdepósitos de grub paracaninoecara, e elemudou para viagemleve. Eles fizeram sessenta milhas,isso éuma corrida de cinquenta milhas, emo primáriodia; eo

segundodiapercebidoeles crescendo no
Yukondevidamenteem
seusmaneiraspara Pelly. Mas talgrande
passeio mudou para feito agora não mais
com grande aborrecimentoe irritaçãona
parte   deFrançois.   O
insidiosorebeliãoconduziupor   meio
deBuck   destruiu   ocoesãodogrupo.
Istonão   mudou   paracomo   umcanino
saltando   dentro   das   cepas.   O
encorajamento   que   Buck   deu   aos
rebeldes   os   levou   a   todosformas
depequenos   delitos.   Nãotransformado
emSpitzum   pioneiro
substancialmenteser   temido.   ovintageo
espanto   partiu,e   que
elescresceumesmoparadurosua
autoridade. Pike roubou-lhe1/2 deum
peixeperíodo noturno, e engoliuabaixo
deasegurançade   Buck.   Outroperíodo
noturnoDub e Joe lutaram contra Spitz
e o fizeram renunciar ao castigo que
mereciam. E mesmo Billee, ocorreto-
naturado,mudou   para   muito   menos
correto-naturado, e choramingouagora
não é mais 1/2 detão apaziguador como
nos   dias   anteriores.   bodede   forma
alguma   cheguei   aqui   perto
deSpitzsemrosnando   e   eriçado
ameaçadoramente.   Dentroverdade,

seucomportamentoaproximou-se de um valentão, e elemudou paradado a gingar para cima e para baixomais cedo do queO nariz do Spitz. A quebra desujeitotambém afetou afilhotes de seus familiarescom umqualquer outro. Eles brigaram e brigaramextrado que nuncaentreeles

mesmos,aténoinstânciaso campomudou parauma confusão uivante. Dave e Sollekspor minha conta foiinalterado,mesmo assimelastêm estadoirritadopor meio deaNunca terminabriguento. François jurouincomumjuramentos bárbaros, e pisoteou a neve em fúria fútil, e rasgou seus cabelos. Seu chicotemudou para fazer uma música continuamente os vários cachorrinhos,Contudoistomudou parade pequeno proveito. Diretamente deleparte inferior das costas mudou para se tornouelastêm estadoNissomais uma vez. Elesubsidiadopara cima Spitzjunto com elechicote,ao mesmo tempo comobodesubsidiadoaté oo restodogrupo. François sabia que elemudou para a parte de trás de todo o aborrecimento, e Buck sabia que ele sabia;Contudobodemudou

paratambéminteligentesempremais uma

vezserroxo   preso-mão.
Eletrabalhoufielmentedentro doarreios,
pois   o   trabalho   tinhavir   a
serumasatisfaçãopara
ele;masistomudou   paraumasatisfação
extraastutamente   para   precipitar
umcombate   entreseuParceirose
emaranhar oDeformação. Na foz do
Tahkeena, umperíodo noturnodepois
do jantar, Dubpassou a serum coelho
com raquetes de neve, errou com ele
eignorado. Em um2dagrupo completo
transformado emdentrocompletochoro.
A cem metros de distânciamudou
paraum acampamento da Polícia do
Noroeste, com cinquentacachorros,
todos huskies, que se juntaram à
perseguição. O coelho correu rio
abaixo,passou a serdesligadodireito em
umpequeno   riacho,   até   o
congeladocolchãodo qual se manteve
firme. Correusuavemente no chãoda
neve,ao   mesmo   tempo
comoacachorrosaradovia thruvia de
meios de maiorforça. Buck liderou o%,
sessentarobusto,redondocurva   após
curva,Contudoelenão   poderia   se
beneficiar. Ele deitou-se para a corrida,
choramingando   ansiosamente,
seugrande   quadropiscando   para

frente,soarvia meio de soar,dentro doluar branco pálido. Esoarvia meio de soar, Curtialguns desbotaramespectro de gelo, o coelho com raquetes de neve passou à frente. Toda aquela agitação devintageinstintos que aoditos intervalosdirigerapazesfora do somcidadesparaÁrea arborizadaesimplesmatarassuntos através de meios depelotas de chumbo propelidas quimicamente, a sede de sangue, aprazermatar - tudo issomudou paraBuck,melhoristomudou parainfinitamenteextraíntimo. Elemudou paravariando emo pinaculodo%,passeandoo selvagemfatorpara baixo, oresidentecarne, para matarjunto com seu próprio esmaltee lavar o focinho até os olhos emaquecersangue. Há um êxtase que marca o cume doexistência, epassadoqueexistência não podesubir. E tal éa anomaliadoresidente, este êxtase vemenquantoum émáximovivo, e vem como umtodoesquecimento de que se está vivo. Este êxtase, este esquecimento deresidente,envolveo artista,grudoupara cima e para fora de si mesmo em um lençol de fogo; istoenvolveo soldado,luta-louco em umassunto problemáticoe recusando trimestre; e issová alienfrentar,a Principala%, soando ovintagegrito de lobo, esforçando-se atrás dorefeiçõesestemudou paravivo e que fugiuinesperadamente mais do quedeleatravésa luz da lua. Elemudou parasondando as profundezas de sua natureza, e docomponentesde sua natureza quetêm estadomais profundo do que ele, indoparte inferior das costasno ventre do Tempo. Elemudou paradominadopor meio dea pura afluência deexistência, o maremoto do ser,o prazer adequado de cadamúsculo, articulação e tendão separados na medida em quemudou em todo o loteestemudou para agora não está mais morrendo, que issomudou parabrilhante e desenfreado, expressando-se em movimento, voando exultanteabaixo das celebridadese sobre o rosto denúmero sem vidaisso fezagora não circula mais. Mas Spitz,sem sanguee calculando mesmo em seuo melhorhumores, deixou o%ereduzir por completoumadelgadopescoço de terrano qualo riacho feitouma extensãodobrarredondo. Buck fezagora não reconheço maisdisso, e quando ele dobrou a curva, o espectro de gelo de um coelhomesmo assimesvoaçantemais cedo do queele, elenotei qualquer outroeamplaespectro de gelodispararda saliênciainstituição financeiranono curso pontualmentedo coelho. Istomudou paraSpitz. O Coelhonão poderiavirar,e porque obrancoesmaltequebrou seuparte inferior das costasno ar, gritou tão alto quanto umo problemático também podegrito. Ao som disso, o grito da Vida mergulhando do ápice da Vidadentro doaperto da Morte,o outono%nos calcanhares de Buck levantou um infernorefrãodosatisfação. Buck fezagora não maisgritar. Ele fezagora não dê mais uma olhadaele mesmo,Contudodirigiu em cima de Spitz, ombro a ombro, entãodifícilque eleignoradoa garganta. Eles rolaramde novo e de novo dentro doneve em pó. SpitzGanhouseuquaseComomesmo assimEle tinhaagora não maisderrubado, golpeando Buck no ombro epulandoClaro. Duas vezes seuesmalterecortadocoletivamente,assi m como o tematicomandíbulas de uma armadilha, como elesubsidiadoafastado pormais altopés, com lábios finos e levantados que se contorciam e rosnavam. Num piscar de olhos, Buck percebeu. A hora tinha chegado. Istomudou parapara omoribundo. Enquanto elesgiradosobre, rosnando, orelhas colocadasparte inferior das costas, atento para a vantagem, a cenavá alipara Buck com umsentirde familiaridade.

Eleconsideradaparaconsiderartudo — os bosques brancos, e a terra, e o luar, eas alegriasde batalha. Sobre a brancura e o silêncio pairava uma calma fantasmagórica. Lámudou para agora não maiso mais leve sussurro de ar—nadamudou-se,agora não maisuma folha estremeceu, ovistorespirações dofilhotes crescendodevagar e demorandodentro doar gelado. eles tinham feitopinturas rápidasdo coelho com raquetes de neve,aqueles cachorrinhosestetem estado mal-lobos domesticados;e que eles foramagora desenhado em um círculo expectante. Eles também,têm estadosilencioso, seus olhosmelhor espumantee suas respirações subindo lentamente. Para Buck-lomudou em nadanovo ouincomum, esta cena devintageTempo. Istomudou paraComomesmo assimtevecontinuamentesido, o costumetipo de fatores. Spitzmudou paraum lutador experiente. De Spitzbergenatravéso Ártico, epor todoCanadá e Barrens, ele havia realizado seumuito própriocom tudocaminhodocachorrosefeitopara dominá-los. raiva amargamudou paraseu,no entanto de maneira nenhumaraiva cega. Dentroardorpara rasgar e destruir, elede jeito nenhumesqueceu que seu inimigomudou paraem comoardorpara rasgar e destruir. Elede jeito nenhumapressadoatéelemudou para organizadoparaadquiriruma correria;de jeito nenhumatacadoatéele primeiro defendeu queassalto. Dentrosem utilidadeBuck se esforçou para afundar suaesmalte dentro dopescoço doenormebrancocanino. Onde quer que suas presas atingissem a carne mais macia, elastêm estadocombatidopor meio deas presas de Spitz. Presa colidiu com presas e lábiosforam reduzidose sangramento,Contudobodenão poderiapenetrar a guarda de seu inimigo. Então ele se aqueceu e envolveu Spitz em um turbilhão de juncos. Tempo e tempomais uma vezeletentadapara a garganta branca como a neve,em que existeborbulhadoperto depara opiso, eem todas as ocasiõesecada vezSpitz o cortou eforam dadosum jeito. Então Buck começou a correr, comomesmo assimpara a garganta,enquanto,abruptamentedesen hoparte inferior das costassua cabeça e curvando-se doaspecto, elepoderseu ombronoombro de Spitz, como um carneiropor meio deque derrubá-lo. Mas em vez disso, o ombro de Buckmudou paracortou para baixoem todas as ocasiõescomo Spitz saltousuavementeum jeito. Spitzmudou paraintocado,ao mesmo tempo comobodemudou parafluindo com sangue e ofegantedifícil. ocombate mudou para desenvolvimentodesesperado. Etudo ao mesmo tempo queo círculo silencioso e lupino esperoucompletarfora qualquercaninofoi abaixo. À medida que Buck ficava sem fôlego, Spitz começou a correr, e elearmazenadodeleincrívelpara alicerce. Uma vez que Buck foi até lá, e ocompletocírculo de sessentafilhotes começaramacima;Contudoele se recuperou,por poucono ar, e o círculo afundoumais uma veze esperou. Mas Buck possuía umexcelenteisso contribuía para a grandeza — imaginação. Ele lutoupor meio deinstinto,Contudoelepode querer combatervia forma de meios decabeça comodevidamente. Ele apressou-se, comomesmo pensandoavintagetruque de ombro,no entanto, no final sobre o spotaneousvarreu baixo para a neve e para dentro.esmaltefechado na perna dianteira esquerda de Spitz. Lámudou parauma trituração de osso quebrando, e o brancocanino confrontadoele em3pernas. Três vezes eletentadapara derrubá-lo, depois repetiu o truque e quebrou oapropriadoperna dianteira. Apesar dodore desamparo, Spitz lutou loucamente parapreservaracima. Elepercebidoo círculo silencioso, comespumanteolhos, línguas penduradas e respirações prateadas flutuando para cima,finalem cima dele como ele tinhavisível comparávelcírculosaproximarem cimaesmagadoantagonistasdentro do além. Só que desta vez elemudou para o únicoquemtransformado em esmagado.

Lámudou paranãodesejopara ele. bodemudou parainexorável. Misericórdiamudou paraumafatorreservado para climas mais amenos. Ele manobrou para oo últimocorrer. O círculo se apertouatéelepode querer ter sentidoas respirações dos huskies em seus flancos. Elepode querervê-los,passadoSpitz e paraambos os aspectos,1/2 deagachados para a primavera, seus olhosconstantenele. Uma pausaconsideradacair. Todo animalmudou para imóvelComoembora tenha se tornadoapedrejar. Apenas Spitz estremeceu e se eriçou enquanto cambaleavapara trás e para a frente, rosnando comTerrívelameaça, comomesmo assimassustarfechando o desenho. Então Buck entrou e saiu;no entanto, ao mesmo tempo queelemudou paraem, ombro tinha emfinalombro em linha reta. oescurocírculose tornouum pontononeve inundada pela lua enquanto Spitz desaparecia de vista. Buck se levantou eapareceunoum sucessocampeão, a besta primordial dominante que havia matado eobservadoistocorreto.

"Eh? O que eu digo? Eu acho verdade quando digo que Buck dois demônios." Este foi o discurso de François na manhã seguinte, quando descobriu que Spitz estava desaparecido e Buck coberto de feridas. Ele o puxou para o fogo e por sua luz apontou para eles.

"Dt Spitz luta lak hell", disse Perrault, enquanto examinava os rasgos e cortes abertos.

"E essa luta de Buck há dois infernos", foi a resposta de François. "E agora vamos fazer um bom tempo. Sem mais Spitz, sem mais problemas, claro."

Enquanto Perrault embalava a roupa do acampamento e carregava o trenó, o condutor começou a arrear os cães. Buck trotou até o lugar que Spitz teria ocupado como líder; mas François, sem notá-lo, trouxe Sol-leks para a cobiçada posição. Em seu julgamento, Sol-leks era o melhor líder que restava. Buck saltou sobre Sol-leks em fúria, empurrando-o para trás e ficando em seu lugar.

"Eh? eh?" François gritou, batendo em suas coxas alegremente. "Olhe para esse Buck. Heem keel dat Spitz, heemt'ink para aceitar o trabalho."

"Vá embora, Chook!" ele gritou, mas Buck se recusou a ceder.

Ele pegou Buck pela nuca e, embora o cachorro rosnasse ameaçadoramente, arrastou-o para o lado e recolocou Sol-leks. O velho cão não gostou e mostrou claramente que tinha medo de Buck. François estava obstinado, mas, quando virou as costas, Buck novamente deslocou Sol-leks, que não estava nem um pouco disposto a ir.

François estava zangado. "Agora, por Gar, eu vou te xingar!" ele gritou, voltando com um porrete pesado na mão.

Buck lembrou-se do homem de suéter vermelho e recuou lentamente; nem tentou atacar quando Sol-leks foi mais uma vez apresentado. Mas ele circulou um pouco além do alcance do clube, rosnando com amargura e raiva; e enquanto dava voltas observava o porrete para se esquivar se fosse lançado por François, pois se tornara sábio no caminho dos porretes. O motorista continuou seu trabalho e ligou para Buck quando estava pronto para colocá-lo em seu antigo lugar na frente de Dave. Buck recuou dois ou três passos. François o seguiu, depois do que ele recuou novamente. Depois de algum tempo,

François derrubou o taco, pensando que Buck temia uma surra. Mas Buck estava em revolta aberta. Ele queria, não escapar de uma boate, mas ter a liderança. Era dele por direito. Ele tinha merecido, e não se contentaria com menos.

Perrault deu uma mão. Entre eles, correram com ele por quase uma hora. Eles jogaram paus nele. Ele se esquivou. Eles o amaldiçoaram, e seus pais e mães antes dele, e toda a sua semente que viria depois dele até a geração mais remota, e cada cabelo em seu corpo e gota de sangue em suas veias; e ele respondeu a maldição com um rosnado e manteve-se fora do alcance deles. Ele não tentou fugir, mas recuou ao redor do acampamento, anunciando claramente que quando seu desejo fosse atendido, ele entraria e seria bom.

François sentou-se e coçou a cabeça. Perrault olhou para o relógio e praguejou. O tempo estava voando, e eles deveriam estar na trilha há uma hora. François coçou a cabeça novamente. Ele a sacudiu e sorriu timidamente para o mensageiro, que encolheu os ombros em sinal de que estavam espancados. Então François foi até onde Sol-leks estava e chamou Buck. Buck riu, como os cães riem, mas manteve distância. François desamarrou os rastros de Sol-leks e o colocou de volta em seu antigo lugar. A equipe estava atrelada ao trenó em uma linha ininterrupta, pronta para a trilha. Não havia lugar para Buck a não ser na frente. Mais uma vez François ligou, e mais uma vez Buck riu e se manteve afastado.

"T'row down de club", Perrault ordenou.

François obedeceu, e então Buck entrou trotando, rindo triunfante, e se posicionou à frente da equipe. Seus rastros foram presos, o trenó quebrado, e com os dois homens correndo, eles correram para a trilha do rio.

Por mais que o condutor do cão tenha avaliado Buck, com seus dois demônios, ele descobriu, enquanto o dia ainda era jovem, que ele havia subestimado. De repente, Buck assumiu as funções de liderança; e onde era necessário discernimento, raciocínio rápido e ação rápida, ele se mostrava superior até mesmo a Spitz, de quem François nunca vira igual.

Mas foi em dar a lei e fazer seus companheiros cumpri-la que Buck se destacou. Dave e Sol-leks não se importaram com a mudança de liderança. Não era da conta deles. O negócio deles era trabalhar, e trabalhar arduamente, nos rastros. Contanto que isso não sofresse interferência, eles não se importavam com o que acontecesse. Billee, o bem-humorado, poderia liderar por tudo que eles se importavam, desde que mantivesse a ordem. O resto da equipe, no entanto, ficou indisciplinado durante os últimos dias de Spitz, e sua surpresa foi grande agora que Buck começou a lambê-los em forma.

Pike, que puxava os calcanhares de Buck e nunca colocava um pingo de seu peso na faixa do peito a mais do que era obrigado a fazer, foi rápida e repetidamente sacudido por vadiar; e antes que o primeiro dia terminasse, ele estava puxando mais do que nunca em sua vida. Na primeira noite no acampamento, Joe, o azedo, foi punido severamente — coisa que Spitz nunca conseguira fazer. Buck simplesmente o sufocou em virtude do peso superior e o cortou até que ele parasse de quebrar e começasse a reclamar por misericórdia.

O tom geral da equipe aumentou imediatamente. Recuperou a solidariedade dos velhos tempos e mais uma vez os cães saltaram como um cão nos trilhos. No Rink Rapids, dois huskies nativos, Teek e Koona, foram adicionados; e a rapidez com que Buck os interrompeu tirou o fôlego de François.

"Nevaire um cachorro como esse Buck!" ele chorou. "Não, nevaire! Ele vale um t'ousan' dollair, por Gar! Eh? O que você diz, Perrault?"

E Perrault assentiu. Ele estava à frente do recorde na época, e ganhando dia a dia. A trilha estava em excelentes condições, bem compactada e dura, e não havia neve recém-caída para enfrentar. Não estava muito frio. A temperatura caiu para cinquenta abaixo de zero e permaneceu assim durante toda a viagem. Os homens cavalgavam e corriam por sua vez, e os cães eram mantidos no salto, com paradas mas raras.

O rio Thirty Mile estava comparativamente coberto de gelo, e eles cobriram em um dia saindo o que haviam demorado dez dias para chegar. Em uma corrida eles fizeram uma corrida de sessenta milhas do sopé do lago Le Barge até o White Horse Rapids. Atravessando Marsh, Tagish e Bennett (110 quilômetros de lagos), eles voaram tão rápido que o homem que deveria correr foi rebocado atrás do trenó na ponta de uma corda. E na última noite da segunda semana eles chegaram ao topo do Passo Branco e desceram a encosta do mar com as luzes de Skaguay e do navio a seus pés.

Foi uma corrida recorde. Todos os dias, durante quatorze dias, eles tinham uma média de quarenta milhas. Durante três dias, Perrault e François jogaram baús para cima e para baixo na rua principal de Skaguay e foram inundados com convites para beber, enquanto a equipe era o centro constante de uma multidão de adoradores de cães e condutores. Então três ou quatro homens maus ocidentais aspiraram a limpar a cidade, foram crivados como caixas de pimenta por suas dores, e o interesse público voltou-se para outros ídolos. Em seguida vieram as ordens oficiais. François chamou Buck, abraçou-o e chorou por ele. E esse foi o último de François e Perrault. Como outros homens, eles saíram da vida de Buck para sempre.

Um mestiço escocês tomou conta dele e de seus companheiros, e em companhia de uma dúzia de outras equipes de cães ele começou a trilhar a trilha cansativa para Dawson. Não era uma corrida leve agora, nem tempo recorde, mas um trabalho pesado a cada dia, com uma carga pesada atrás; pois este era o trem do correio, levando notícias do mundo para os homens que buscavam ouro sob a sombra do Pólo.

Buck não gostou disso, mas suportou bem o trabalho, orgulhando-se dele à maneira de Dave e Sol-leks, e cuidando para que seus companheiros, orgulhosos ou não, fizessem sua parte. Era uma vida monótona, operando com regularidade mecanizada. Um dia foi muito parecido com o outro. Em um determinado horário todas as manhãs os cozinheiros saíam, as fogueiras eram acesas e o café da manhã era servido. Então, enquanto alguns levantavam acampamento, outros atrelavam os cães, e eles estavam a caminho cerca de uma hora antes de cair a escuridão que anunciava o amanhecer. À noite, o acampamento foi feito. Alguns lançavam as moscas, outros cortavam lenha e galhos de pinheiro para as camas, e outros ainda levavam água ou gelo para as cozinheiras. Além disso, os cães foram alimentados. Para eles, essa era a única característica do dia, embora fosse bom ficar vagando, depois que o peixe foi comido, por mais ou menos uma hora com os outros cães, dos quais havia cinqüenta e ímpares. Havia lutadores ferozes entre eles, mas três batalhas com

os mais ferozes levaram Buck ao domínio,
de modo que, quando ele se eriçou e
mostrou os dentes, eles saíram de seu
caminho.

O melhor de tudo, talvez, ele adorava ficar
perto do fogo, as patas traseiras
agachadas sob ele, as patas dianteiras
esticadas na frente, a cabeça erguida e os
olhos piscando sonhadoramente para as
chamas. Às vezes pensava na grande casa
do juiz Miller no ensolarado vale de Santa
Clara, na piscina de cimento, em Ysabel, a
mexicana calva, e em Toots, o pug
japonês; mas com mais frequência ele se
lembrava do homem de suéter vermelho,
da morte de Curly, da grande briga com
Spitz e das coisas boas que havia comido
ou gostaria de comer. Ele não estava com
saudades de casa. A Terra do Sol era
muito escura e distante, e tais lembranças
não tinham poder sobre ele. Muito mais
potentes eram as lembranças de sua
hereditariedade que davam a coisas que
ele nunca tinha visto antes uma aparente
familiaridade; os instintos (que eram
apenas as memórias de seus ancestrais se
tornaram hábitos) que haviam
desaparecido em dias posteriores, e ainda
mais tarde,

Às vezes, enquanto se agachava ali, piscando sonhadoramente para as chamas, parecia que as chamas eram de outra fogueira, e que, agachado junto a essa outra fogueira, via outro homem diferente do cozinheiro mestiço diante dele. Este outro homem era mais curto de perna e mais longo de braço, com músculos que eram fibrosos e nodosos em vez de arredondados e inchados. O cabelo deste homem era longo e emaranhado, e sua cabeça inclinada para trás dos olhos. Ele emitia sons estranhos e parecia ter muito medo da escuridão, para a qual olhava continuamente, segurando na mão, que pendia entre o joelho e o pé, uma vara com uma pedra pesada presa até a ponta. Ele estava quase nu, uma pele esfarrapada e queimada pelo fogo pendendo de suas costas, mas em seu corpo havia muito cabelo. Em alguns lugares, cruzando o peito e os ombros e descendo pela parte externa dos braços e coxas, estava emaranhado em um pelo quase grosso. Ele não estava ereto, mas com o tronco inclinado para a frente a partir dos quadris, sobre as pernas dobradas na altura dos joelhos. Em torno de seu corpo havia uma elasticidade peculiar, ou resiliência, quase felina, e um alerta rápido como de alguém que vive com medo perpétuo de coisas vistas e invisíveis.

Outras vezes esse homem peludo agachava-se junto ao fogo com a cabeça entre as pernas e dormia. Nessas ocasiões, os cotovelos estavam apoiados nos joelhos, as mãos cruzadas acima da cabeça, como que para derramar chuva pelos braços peludos. E além daquele fogo, na escuridão circular, Buck podia ver muitos carvões reluzentes, dois a dois, sempre dois a dois, que ele sabia serem os olhos de grandes predadores. E ele podia ouvir o bater de seus corpos através da vegetação rasteira, e os ruídos que eles faziam à noite. E sonhando lá na margem do Yukon, com os olhos preguiçosos piscando para o fogo, esses sons e visões de outro mundo fariam o cabelo se arrepiar nas costas e se arrepiar sobre os ombros e até o pescoço, até ele choramingar baixo e reprimido , ou rosnou baixinho, e o cozinheiro mestiço gritou para ele: "Ei, você Buck, acorde!"

Foi uma viagem difícil, com o correio atrás deles, e o trabalho pesado os cansou. Eles estavam com baixo peso e em más condições quando fizeram Dawson, e deveriam ter tido pelo menos dez dias ou uma semana de descanso. Mas em dois dias eles desceram do quartel do Yukon, carregados de cartas para o lado de fora. Os cães estavam cansados, os motoristas resmungando e, para piorar, nevava todos os dias. Isso significava uma trilha suave, maior atrito nos corredores e puxões mais pesados para os cães; no entanto, os motoristas foram justos e fizeram o melhor para os animais.

Todas as noites, os cães eram atendidos primeiro. Eles comiam antes que os cocheiros comessem, e nenhum homem procurava seu roupão de dormir até que tivesse cuidado dos pés dos cães que conduzia. Ainda assim, sua força caiu. Desde o início do inverno eles haviam viajado mil e oitocentos quilômetros, arrastando trenós por toda a cansativa distância; e mil e oitocentas milhas contarão sobre a vida dos mais difíceis. Buck aguentou, mantendo seus companheiros em seu trabalho e mantendo a disciplina, embora ele também estivesse muito cansado. Billee chorava e choramingava regularmente durante o sono todas as noites. Joe estava mais azedo do que nunca, e Sol-leks era inacessível, lado cego ou outro lado.

Mas foi Dave quem sofreu mais. Algo tinha dado errado com ele. Tornou-se mais taciturno e irritável e, quando o acampamento foi montado, imediatamente fez seu ninho, onde seu cocheiro o alimentava. Uma vez fora do arnês e abaixado, ele não ficou de pé novamente até a hora do arnês pela manhã. Às vezes, nos rastros, ao ser sacudido por uma parada repentina do trenó, ou ao se esforçar para ligá-lo, ele gritava de dor. O motorista o examinou, mas não encontrou nada. Todos os motoristas se interessaram pelo caso dele. Eles conversaram sobre isso na hora das refeições, e sobre seus últimos cachimbos antes de ir para a cama, e uma noite eles tiveram uma consulta. Ele foi trazido de seu ninho para o fogo e foi pressionado e cutucado até gritar muitas vezes. Algo estava errado lá dentro, mas eles não conseguiram localizar nenhum osso quebrado, não conseguiram sair.

No momento em que o Cassiar Bar foi alcançado, ele estava tão fraco que caía repetidamente nos trilhos. O mestiço escocês parou e o tirou da equipe, fazendo o próximo cão, Sol-leks, rápido para o trenó. Sua intenção era descansar Dave, deixando-o correr livre atrás do trenó.

Doente como estava, Dave ressentiu-se de ser retirado, grunhindo e rosnando enquanto as faixas eram soltas, e choramingando de coração partido quando viu Sol-leks na posição que ocupara e servira por tanto tempo. Pois o orgulho do rastro e do rastro era dele e, doente até a morte, ele não podia suportar que outro cão fizesse seu trabalho.

Quando o trenó começou, ele se debateu na neve macia ao longo da trilha batida, atacando Sol-leks com os dentes, correndo contra ele e tentando empurrá-lo para a neve macia do outro lado, esforçando-se para pular dentro de seus rastros e entre ele e o trenó, e o tempo todo choramingando e ganindo e chorando de tristeza e dor. O mestiço tentou afastá-lo com o chicote; mas ele não prestou atenção ao açoite pungente, e o homem não teve coragem de bater mais forte. Dave recusou-se a correr silenciosamente na trilha atrás do trenó, onde o caminho era fácil, mas continuou a se debater na neve macia, onde o caminho era mais difícil, até ficar exausto. Então ele caiu e ficou deitado onde caiu, uivando lúgubremente enquanto a longa fila de trenós passava.

Com o que restava de suas forças, ele conseguiu cambalear atrás até que o trem fez outra parada, quando passou pelos trenós até o seu, onde ficou ao lado de Sol-leks. Seu motorista demorou um momento para acender o cachimbo do homem atrás. Então ele voltou e começou seus cães. Eles entraram na trilha com notável falta de esforço, viraram a cabeça inquietos e pararam surpresos. O motorista também ficou surpreso; o trenó não se moveu. Ele chamou seus companheiros para testemunhar a visão. Dave tinha mordido os dois rastros de Sol-leks e estava parado bem na frente do trenó em seu devido lugar.

Ele implorou com os olhos para permanecer lá. O motorista ficou perplexo. Seus camaradas falaram de como um cão poderia partir seu coração ao ser negado o trabalho que o matou, e recordaram casos que eles conheceram, onde cães, velhos demais para o trabalho, ou feridos, morreram porque foram cortados dos rastros. Além disso, eles tiveram uma misericórdia, já que Dave morreria de qualquer maneira, que ele morresse nos rastros, com o coração tranquilo e contente. Então ele foi amarrado novamente, e orgulhosamente puxou como antes, embora mais de uma vez tenha gritado involuntariamente pela mordida de sua dor interior. Várias vezes ele caiu e foi arrastado pelos trilhos, e uma vez o trenó correu em cima dele, de modo que ele coxeou em uma de suas patas traseiras.

Mas ele resistiu até que o acampamento foi alcançado, quando seu cocheiro fez um lugar para ele perto do fogo. A manhã o achou fraco demais para viajar. Na hora do arreio, ele tentou rastejar até o motorista. Por esforços convulsivos, ele se levantou, cambaleou e caiu. Então ele se arrastou lentamente para onde os arreios estavam sendo colocados em seus companheiros. Ele avançava as patas dianteiras e arrastava o corpo para cima com uma espécie de movimento de engate, quando avançava as patas dianteiras e engatinhava novamente por mais alguns centímetros. Sua força o deixou, e a última vez que seus companheiros o viram, ele estava ofegante na neve e ansiando por eles. Mas eles podiam ouvi-lo uivando tristemente até desaparecerem atrás de um cinturão de madeira do rio.

Aqui o trem parou. O mestiço escocês lentamente refez seus passos até o acampamento que haviam deixado. Os homens pararam de falar. Um tiro de revólver soou. O homem voltou apressado. Os chicotes estalaram, os sinos tilintaram alegremente, os trenós se agitaram ao longo da trilha; mas Buck sabia, e todos os cães sabiam, o que havia acontecido atrás do cinturão de árvores do rio.

A labuta dedicaecaminhoTrinta dias a partir do momento em que deixou Dawson, o Salt Water Mail, com Buck e seuspalson oantes, chegou a Skaguay. Elasestavaem um miserávelpaís,apagadoe desgastado. Buck'sceme40 quilostevediminuídoparaceme quinze. orelaxamentodeleParceiros,mesmo assimisqueirocachorros, tevemal colocado maiorpeso do que ele. Pike, o fingidor, que, em suavida deengano, tinhafrequentemente eficientementefingiu umprejuízoperna,vir a seragora mancando pra valer. Sol-leksvir a sermancando, e Dubtorna-se atingido poruma omoplata torcida. Elasestavatudoextraordinariamentedor nos pés. Sem mola ou rebotevir a serdeixado neles. Seusdedos do pécaiuperto do caminho, chocando seusnossos corpose dobrando a fadigauma tardedejornada. Látornar-se nada o problemacom elesalém do maisque elestinha sido inútil desgastado. Istotorne-se agora não maisasem utilidade-cansaço que vemvia shortetentativa imoderada, do qualrestauração é um problemade horas;Contudoistovir a serasem utilidade-cansaço que vematravés daagradualepotência estendidadrenagem de meses de labuta. Lávir a sernãoeletricidadedorecuperaçãoesquer da, sem reservapoder para nomearsobre. Istotêm estadotudo usado, ofinalao menosPequena porção deisto. Cada músculo,cadafibra,cadacélula,desgastad o,inútil desgastado. Ehouve causapor isso. Dentromuito menosdo que5mesesque elesviajou vinte e5cem milhas,ao longo da últimamil e oitocentos dos quaisque elesteveno entanto5dias'relaxamento. Quando chegaram a Skaguay elestinha sido aparentementeem seusfinalpernas. Elasdeveria segurar um poucoalinhastenso, enonotas

baixassimplesmente
controladoparaaguardeFora
demaneirasdo   trenó.
"Massa,negativopés doloridos",a força
motriz endossoueles como eles
cambalearam para baixoa estrada
principalde Skaguay. "Dis is de las'. Den
nós temos umlongores'. Eh? Com
certeza. Um valentãolongores'." Os
pilotospreviu com otimismo uma
prolongadaescala. Eles mesmos,que eles
tenham incluídomil e duzentas milhas
com dias'relaxamento, edentro
donatureza decausaelugar não
incomumjustiça eles mereciam
umlinguagem cde vadiagem. Mastanto
tinha sidoarapazesque tinha corrido
para o Klondike, etanto tinha sidoos
namorados, esposas erelaçõesque
teveagora não maisapressado, que o
correio congestionadotornando-se
assumindoproporções alpinas; Lá
tambémtinha sido respeitávelordens.
Lotes frescos de Hudson Bayfilhotes
forampara levar olocalizações do
senugatóriopara ocaminho.
oinútilunsestavaserforam dadoslivrar,
e,tendo em vista que os filhotes são
contados em númeropor poucoem
oposição adólares, elesestavapara ser

98

vendido. Três diasexcedido,com a ajuda de usar qual períodoBuck e seuamigos descobertosComo asclaramente desgastadoesuscetívelelasestava. Então,nomanhã do quarto dia,rapazesdos Estadoschegou aqui ao lado e adquiriueles, arreios e tudo, por uma canção. orapazesendereçadocada diferentecomo "Hal" e "Charles". Carlosvir a seruma meia-idade, leve-cara de cor, comsuscetívelolhos lacrimejantes e um bigode que se retorcia feroz e vigorosamente, dando adesinformaro lábio frouxamente caído que escondia. Halvir a serumaadolescente de 19ou vinte, comamplaO revólver de Colt e uma faca de caça amarradaaproximadamenteele em um cinto quebonitoeriçado de cartuchos. Este cintovir a seramáximoproeminentequestão aproximadamentedele. Istocomercializadosua insensibilidade — uma insensibilidade pura e inexprimível. Amboscaras tinham sido obviamentefora do lugar, e por quejunto comelaspreciso viajaro norte éuma parte deathriller de fatoresque ultrapassa a compreensão. Buck ouviu a zombaria,percebidoacashbyskipaentre a pessoae o agente do governo, e sabia que o escocês1/2 de-raça e correio-educarmotoristasestavasaindo de seuestilo de vida nosaltos de Perrault e François e os outros que tinhammuito mais pastoso do que. Quandoempurrado junto com seus amigosparao novoacampamento dos proprietários, Bucknotei desajeitadoe caso desleixado, tenda1/2 deesticada, louça suja,a coisa todaEm desordem; também, elepercebidouma mulher. "Mercedes" ocaras referidos comosua. Elavir a serde Carloscônjugee a irmã de Hal—um agradável círculo de parentesFesta. Buck os observou apreensivamente enquanto eles desmontavam a barraca.e cargao trenó. Lávir a serumaextraordinárionegócio detente aproximadamenteseuscaminho,Contudo nenhum método profissional. A tendavir a serenrolado emum pacote desajeitado3instancesComoenorme porque precisatêm estado. Os pratos de lataestavaembalado sem lavar. Mercedesusualmenteesvoaçoudentro da maneiradelarapazesesalvouuma tagarelice ininterrupta de protesto erecomendação. Quando elesposicionadoum saco de roupasna

frentedo   trenó,
elaaconselhadoistoprecisa   passar   pelo
teatro   novamente;   edepois
delesteveposicionadoistode   novo,
eincluídoacabou   comvários
diferentespacotes,   elaencontrado
deixado   de   foraartigosIsso
poderiapermanecer em nenhum outro
lugarContudonesse mesmo saco,e que
elesdescarregadomais   uma   vez.
Trêsrapazesde uma barraca vizinhavá
alifora   eapareceuem,   sorrindo   e
piscando um para o outro. "Você
jáforam   dadosumabem
inteligentecarregarporque
issoé,"declarou certamente considerado
um entreeles; "ejá não é maisEupreciso
te informarseu negócio,ContudoEUnão
fariatote aquela barracaao ladose euvir
a   servocê."   "Inimaginável!"   gritou
Mercedes,   vomitandobraçosem
delicado desânimo. "No entantodentro
do   internacional   deveriaEUmanipular
sem sairuma tenda?" "É primavera,e
também você pode nãopegue qualquer
ummaior   sem   sanguetempo,"a
pessoarespondeu. Ela balançou a
cabeça decididamente, e Charles e
Halposicionadoafinalprobabilidades   e
termina   empináculoa   carga

montanhosa. "Achoserápasseio?"um dos carasPerguntou. "Por quenão deveriaisso?" Charles exigiucomo substitutoEm breve. "Oh,isto étudoapropriado,isto étudoapropriado"a pessoaapressou-se mansamentemencionar. "EUtorna-se simplesmentea-maravilhando,isto étudo. Istoconsideradaum ácaropináculo-pesado." Carloscresceu para se tornarseunovamentee puxou as amarras para baixoalém deeledeve, quetornar-se agora não mais dentro domenos bem. "Um' derotaacachorrospode caminharao ladoo dia todo com essa engenhocana parte de trás deeles", afirmou um2ddorapazes.

"Certamente,"declaradoHal, com uma polidez congelante,preservardo mastro com uma mão e balançando o chicote dea alternativa. "Mush!" ele gritou. "Mush lá!" ocachorrosbrotouem oposição aas faixas do peito, tensasdifícilporalgummomentos, depois relaxado. Elasnão foi capaz de transportaro trenó. "Os brutos preguiçosos, eu vouexibiçãoeles", gritou,preparandopara atacá-los com o chicote. Mas Mercedes interferiu, gritando: "Oh, Hal, você não deve", enquanto elaemperrado preservardo chicote e arrancou-o dele. "Onegativocaros! Agora vocêprecisote prometonão deveseja duro com eles pararelaxamentodojornada, ou eupode não passarum passo." "Muito preciosovocê percebe aproximadamente filhotes," seu irmão zombou; "e eudesejo que você partaeu sozinho. Eles são preguiçosos, eute informar,e você foi dadochicoteá-los para obteralgofora deles. Isso é delesmaneiras. Você pergunta a qualquer um. Pergunte a umdesses caras." Mercêscheck-outimplorando, repugnância indizível à vista dedorescrito nelabastanteenfrentar. "Eles estãosuscetívelcomo água,caso você preciseparareconhecer"vá aliarespondera partir deum dos caras. "A ameixa caiu,isso é qual é o problema. Elasquererumarelaxamento." "Descanse em branco,"declaradoHal,junto com elelábios imberbes; e Mercedesdeclarado, "Oh!" dentrodore tristezanojuramento. Mas elavir a seruma criatura do clã, e correuimediatamenteem defesa do irmão. "Nuncapensamentosestecara,"

103

eladeclaradoincisivamente. "Você éusandonossocachorros,e também vocêfazer o quevocê observou de alta qualidadecom eles." Novamente o chicote de Hal caiu sobre ocachorros. Eles se jogaramem oposição aas faixas do peito, cavaram seusdedos do péna neve compactada,foram dadospara baixo para ele, eposicionadoadiante todos os seuspotência. O trenó mantido comomesmo assimistoestavauma âncora. Após esforços, eles se levantaramNão obstante, ofegante. O chicotevir a serassobiando selvagemente,enquanto de novoMercedes interferiu. Ela caiu de joelhosmais cedo do queBuck, com lágrimas nos olhos, eposicionadosuapalma da mãoO pescoço dele. "Vocênegativo,negativoqueridos", ela gritou com simpatia, "por quenão façavocê puxadifícil?—então você definitivamente não fariaser chicoteado." Buck fezagora não maiscomo ela,Contudoelevir a sersentindo tambémdeprimente enfrentarela, tomando-a comouma parte deos diasquadros deprimentes. Um dos espectadores, quetêm estadoapertando seuesmaltesuprimircalorosodiscurso, agora falou: — "Éagora não maisque eu me importo com o quese tornaráde você,Contudopara ocachorros' pelo amor de mimbasta informarvocês,você poderia ajudareles umpoderosomuitocom o auxílio do usoquebrando aquele trenó. Os corredores sãogeladovelozes. Jogue seu pesoem oposição ao polo,apropriadoe esquerda, eruínafora." A0,33tempo oesforçar-se tornar-sefeito,Contudodesta vez, seguindo orecomendação, Hal abriu os corredores quetêm estadocongelado na neve. O trenó sobrecarregado e pesadosólido de antemão, Buck e seussofrimentofreneticamenteembaixoa chuva de golpes. Cem metrosantecipadamenteacurso cresceu para se tornare desceu abruptamente paraa estrada principal. Istopoderiaexigiram umcara habilidosoparaaguardeapináculo-trenó pesado na posição vertical, e Haltorne-se agora não mais esse tipo de cara. Como eles balançaramna viradao trenó passou, derramando1/2 desua cargaatravés daagratuitamenteamarrações. ocachorros de jeito nenhumparou. O trenó iluminado saltou em seufacetar a parte de tráseles. Elastinha ficado indignado poraremédio doentio que eles adquirirame a carga injusta. bodevir a serfurioso. Ele quebroudireito em umcorrer, oequipe técnicaseguindo sua liderança. Hal gritou "Ei! Ei!"Contudoeles não deram atenção. Ele tropeçou evir a sertirou seudedos do pé. O trenó viroupisosobre ele, e ocachorrosatirou-se para cimaestrada,Incluindopara a alegria de Skaguay enquanto eles espalhavam oo restoda roupaao ladoEstálídervia. bondosomoradores presosacachorroseacumuladoaté os dispersosativos. Também, deramrecomendação. MetadeO fardoeduas vezesacachorros,no caso de elessempreprevistoparaatingirDawson, vir a sero quetorna-se declarado. Hal e sua irmã e cunhadoregulamentoouviu de má vontade, armou a barraca e reformulou a roupa. Enlatadositens cresceram para se tornaremfora que fezrapazesrir, para enlatadositens noA Trilha Longa é umaquestãosonharaproximadamente. Frase "cobertores para hotel"um dos carasque ria e ajudava. "Metade de tantosé muitoMuito de;descartareles.

Jogue fora essa barraca, e tudoaquelespratos,-quem éindolimpareles, afinal? Bom Deus, façavocê observouvocê está visitandoem um Pullman?" E assim foi, o inexorávelremoçãodo supérfluo. Mercedes chorouenquantoAs roupas dela-bagagem tinha sidodespejadono chãoe artigo após artigovir a serjogado fora. Ela chorou em geral,e ele ou elachorouprincipalmentesobretododesc artadoquestão. Ela apertouarmas aproximadamentejoelhos, balançandopara e frodanificado-de coração. Ela assentiupode não passar maisuma polegada,agora não maispor uma dúzia de Charles. Ela apelou paratudo e diversose paraa coisa toda,subseqüentementeenxugando os olhos epretendendoparaforjadoaté mesmo artigos deconfecçõesestetinha sido vitalnecessidades. E em seu zelo,enquantoela tevecompletado junto com seu próprio, ela atacou oativosdelarapazese foiatravés daeles como um tornado. Isso feito, a roupa,mesmo que reduzadentro1/2 de,tornou-se mesmo assim um impressionantevolume. Charles e Hal saíramdentro da noite e adquiridoseis foracachorros. Esses,introduzidoaos seis dosequipe única, e Teek e Koona, os huskiesadquirido noCorredores de pistana jornada do documento,entregueatripulação tanto quantoquatorze. Mas o Foracachorros,mesmo que quase danificadodentrotendo em vista queseu desembarque, fezagora não mais quantidademuito. Trêsfoi breveponteiros cabeludos, umvir a seruma Terra Nova, ea alternativa tinha sidomestiços de raça indeterminada. Eles fizeramagora não aparece maisparareconhecer algo,essas pessoas inexperientes. Buck e seus companheirosapareceusobre eles com desgosto, emesmo assimelerapidamenteensinou-lhes o seuLocalizaçõese o queagora não maisfazer, elenão podia educareles o que fazer. Eles fizeramagora não maistome gentilmente paradicaecaminho. Com a exceção deo 2mestiços, elesestavadesnorteado e espirituoso-danificado com a ajuda do usoaincomumselvagemarredores em queelasdescobertoeles mesmos ecom o auxílio do usoaremédio doentio que eles adquiriram. Os mestiçosestava foraespírito; ossosestavaamelhor assuntoquebrávelaproximadamenteeles. Com opessoas inexperientesdesesperado e desamparado, e oAntiguidade eliminada com a ajuda do usovinte-5cem milhas decaminho ininterrupto, a perspectivatornar-se algo no entantobrilhante. orapazes, Contudo,tinha sido bonitoalegre. E elesestavaorgulhoso, também. Elasestavafazendo oquestãoem grande estilo, com quatorzecachorros. Eles tinhamvisíveldiferentetrenóssairsobre o Passe para Dawson, ouestão disponíveis emde Dawson,no entanto de maneira nenhumaeles tinhamvisívelum trenó comtanto decomo quatorzecachorros. Dentroo personagemdo Árticoviagem houveumacausapor que quatorzeos filhotes não precisam mais agoraarraste um trenó, e issovir a seraquele trenónão poderia trazerarefeiçõespor quatorzecachorros. Mas Charles e Hal fizeramagora não reconheço maisisto. Eles tinhamtrabalhouajornadacom um lápis,muitopara umcanino,tantos cachorros,tanto dedias, QED Mercedesapareceusobre os ombros e acenou com a cabeça de forma

abrangente,vir a sertudo muitofácil.
Tardesubseqüentemanhã Buck liderou
olonga tripulaçãoaté oestrada. Látornar-
se nada ativo aproximadamenteisso,
nenhum estalo oupassarnele e em seus
semelhantes. Elasestava começando
inútilcansado. QuatroinstânciasEle
tinhaincluiu a lacuna entreÁgua Salgada
e Dawson, e operíciaque, cansado
eesgotado, eletornando-se
passandoaigual caminho de novo, o
deixou amargo. Delecoração coronário
já não está dentro das pinturas, nemvir a
seracoração coronáriode
qualquercanino. Os
Forasteirosestavatímidos e assustados,
os Interiorescom autoconfiança de
suamestres. Buck sentiu vagamente
quehouvenãoconfiandosobreesses
carase a mulher. Eles fizeramagora não
reconhecem mais o caminho
paraFazalgo,e porque odias se
passaramcom o auxílio do
usoistotornaram-se óbviosque elesnão
poderiaaprender. Elasestavafolga em
tudoassuntos,semordem oucampo.
Levou eles1/2 deaperíodo noturnopara
montar um acampamento desleixado,
e1/2 dea manhãinterromperaquele
acampamento e carregar o

trenóestilotão desleixado que para orelaxamentodo dia elesestavaocupado emprevenindoe reorganizandoO fardo. Alguns dias eles fizeramagora não maisfazer dez milhas. Sobrediferentedias elesnão foi capazpara obtercomeçoude forma alguma. E em nenhum dia elesalcançarfazermaiordo que1/2 da lacuna utilizada porarapazescomo umfundação de seu canino-refeiçõescomputação. Istovir a serinevitável que elespreciso passar brevesobrecanino-refeições. Mas eles apressaramcom o auxílio do usosuperalimentação, trazendo o diamais pertosubalimentaçãopoderiacomeçar.

O lado de foracachorros, cujas digestõesagora não maisestivequalificados com a ajuda do uso persistentefome para fazer omáximode pouco, tinha apetites vorazes. Eenquanto,similarmentepara isso, os huskies desgastados puxaram fracamente, Haldeterminadoque a ração ortodoxavir a sermuito pequeno. Ele dobrou. E para tampartudo isso,enquantoMercedes, com lágrimas em seubastanteolhos e um tremor na garganta,não poderiapersuadi-lo a dar ocachorros, no entanto, maior, ela roubou dos sacos de peixe e os alimentou maliciosamente. Mas issotorne-se agora não mais refeiçõesque Buck e os huskies precisavam,no entanto, relaxamento. Emesmo assimelasestavafazernegativotempo, a carga pesada que arrastavam minou seuspotênciaseveramente. Entãová alia subalimentação. Halacordei mais cedo ou mais tardepara orealidadeque o delecanino-refeições tornam-se 1/2 de um longo passadoethe gapmelhor zona incluída;além do que, além do mais, estepara

romanceoudinheironãoextracanino-refeições tornam-seseradquirido. Então elereduziraté mesmo a ração ortodoxa etentadaparaestrondoos diasjornada. Sua irmã e cunhadoregulamentoo apoiou;Contudoelasse aborreceu com a ajuda de usarsuas roupas pesadas e seuspessoalincompetência. Istovir a serumafácil de apresentaracachorros muito   menos refeições;Contudoistotornou-se impossívelpara tornar oviagem dos filhotesmais rápido,enquantoseusincapacidade pessoalpara obterpor baixo, em avanço, dentro domanhãevitadoeles devisitandohoras mais longas. NãomelhorEles fizeramagora não reconheço mais o jeito de pintar filhotes,Contudoeles fizeramagora não reconheço mais o caminho para pinturaseles mesmos. O primeirotornar-se chefeDub. Pobre ladrão desajeitado que elevir a ser,continuamenterecebendogrudoue punido, ele não tinha nenhummuito menosestiveum devotadotrabalhador. Sua omoplata torcida, sem tratamento e sem descanso, passou deTerrívelpara pior,até depoisHal atirou nele com oamplaO revólver de Colt. É umanunciandodoEUAque um foracaninopassa fome paramorrendo noração do husky, então os seis foracachorrinhos embaixobodedevenãomuito menosdo que morrer1/2 dea ração do husky. O Terra Nova foi primeiro,acompanhados com a ajuda do usoa3breve- ponteiros de cabelo,o 2mestiçosimpressionante maiorcorajosamentediretamente aos estilos de vida,Contudoindodentro de desistir. Por esta horatodas as instalaçõese gentilezas do Southland

tinha caídolonge dea3seres humanos.
Despojado de seu glamour e romance,
o Árticojornada tornaram-separa eles
umfactoMuito duropara ele ou
elamasculinidade e feminilidade.
Mercedes parou de chorar sobre
ocachorros, sendo tambémFascinado
comchorando sobre si mesma e com
brigasjunto com elamarido e irmão.
Discutirtornar-se o único
problemaelasnão tinha sido de forma
algumacansado demais para fazer. Sua
irritabilidade surgiuem sua
aflição,elevadocom ela, dobrou-se sobre
ela, ultrapassou-a. opoder de
permanência
superiordocaminhoqueenvolve
carasquem trabalhadifícileir
atravésdolorido, econtinue a ser docede
fala e gentilmente, fezagora não
maisvenhapara aqueles carase a mulher.
Eles não tinham noção deesse tipo de
poder de permanência. Elasestavarígido
e emdor; seusgrupos muscularesdoíam,
seus ossos doíam, seus próprios
corações doíam; edevido aisso elesse
tornouafiada de fala, efrases difíceis
foramprimeiro em seus lábiosdentro
domanhã efinalnoperíodo noturno.
Charles e Hal brigaramcada

vezMercedes lhes deu uma chance. Istovir a serapercepção amada de cadaque ele fezmaiordo que o delepercentagemdopinturas, e nem cedeufalaristopercepçãonocadaoportunidade. Às vezes, a Mercedes ladojunto com elaesposo,ocasionalmente junto com elairmão. oresultado finalumaesplêndidoecírculo infinito de parentesbriga. A partir de uma disputa sobre qualprecisoPicaralgumvaras paraa lareira(uma disputa queenvolvido melhorCarlos e Hal),atualmente podeser arrastadodentro do relaxamentodopróprio círculo de parentes, pais, mães, tios, primos,ser humano amontoadosde quilômetros de distância, eum número deelessem utilidade. Esse Halperspectivasna arte, outipo desociedadeexecutao irmão de sua mãe escreveu,precisotenhoalgofazer com ocortedoalgumpaus de lenha, passa a compreensão;Apesar do fato quea brigavir a serComoprovavelmenteparageralmente tendemnaquilorotaComodentro da rotados preconceitos políticos de Charles. E a língua de contar histórias da irmã de

Charlesprecisoseraplicávelpara
oconstruindode um incêndio de
Yukon,tornar-se mais óbviopara
Mercedes, que se desembaraçou de
copiosasavaliaçõessobre esse tema, ea
propósitosobrealgumas tendências
diferentesdesagradavelmenteímparpar
a o maridopróprio círculo de parentes.
Noprovisório da lareirapermaneceu sem
construção, o acampamento1/2
dearremessado, e ocachorrosnão
alimentado. Mercedes cuidou de
umcrítica única-acríticade sexo.
Elatornar-se bastantee macio, etêm
estadocavalheirescomanipuladotodos
os dias dela. Maso remédio
predominante com a ajuda de usarseu
marido e irmãotorne-se toda a loja de
coisascavalheiresco. Istovir a
sersuapersonalizadasestar
desamparado. Eles reclamaram. Em
que impeachment do que para elavir a
sersuamáximo vitalprerrogativa do
sexo, ela tornou suas vidas
insuportáveis. Elaagora não é mais
levado em consideraçãoacachorros,
edevido ao fatoelavir a serdolorido
eesgotado, elasuportoudentrousando
notrenó. Elatornar-se bastantee
suave,Contudoela pesouceme

vintequilos- um luxuriosofinalpalha
paraO fardoarrastaramcom o auxílio do
usoasuscetívelevorazanimais. Ela
cavalgou por dias,atéeles caíramdentro
das linhase o trenó ficouNão obstante.
Charles e Hal imploraram que ela
saísse e andasse, imploroujunto com
ela, suplicou, oenquantoela chorou e
importunou o Céu com um recitalem
seubrutalidade. Numeventoeles a
tiraram do trenócom a ajuda do uso de
poder importante. Elasde jeito nenhumfiz
issomais uma vez. Elapermitiras pernas
delapassarmancando como uma
criança mimada, e sentou-seno
caminho. Eles foram em
seusmaneiras,Contudoela fezagora não
maisjogada. Depoisque
elesviajei3milhas descarregaram o
trenó,tenho aqui de novopara ela, ecom
a ajuda do uso de importantes poderes
posicionadossuanotrenómais uma vez.
Noextraem sua aflição
pessoalelasestavainsensível aolutando
em seusanimais. A teoria de Hal, que
ele praticou em outros,vir a
serAqueleprecisoendurecer. Ele
tinhacomeçoupregando para sua irmã e
cunhadoregulamento. Falhando lá, ele
martelou-o nocachorroscom umFiliação.

Nos Cinco Dedos ocanino-refeiçõescedeu, e um desdentadoAntiguidadeíndiafornecidopara alternarelesalguns quilosde cavalo congelado -disfarcepara o revólver do Colt quesalvouaamplafaca de caçacorporaçãono quadril de Hal. UMAsubstituição negativaporrefeições tornam-seistodisfarce,simplesmente porque foidespojado dos cavalos famintos dos pecuaristas seis mesesnovamente. Em seu congeladopaísistotornar-se maiorcomo tiras de ferro galvanizado, eenquantoumacaninolutou contra elebarrigadescongelou emmagroe cordas de couro innutridas edireito em ummassa deapresentaçãocabelo,traumáticoe indigesto. Evia tudo issoBuck cambaleouao ladonoo topodoequipe técnicacomo em um pesadelo. Ele empurrouenquantoeledeve;enquantoele agora não deveria maispuxar, ele caiu e permaneceu no chãoatégolpes de chicote ouFiliaçãolevou-o ao seutoe mais uma vez. Toda a rigidez e brilho tinhampassado longofora deledeslumbrante peludocasaco. O cabelo pendia, flácido e emaranhado, oudesfiadocom sangue secono qualHalFiliaçãoo havia machucado. Delegrupos muscachavia definhado em cordas nodosas, e as almofadas de carne haviam desaparecido,para que cadacostela ecadaosso em seucorpo tinha sido mencionadolimpamenteatravés daadisfarceestevir a serenrugado em dobras de vazio. Istovir a sercomovente,melhorBuck'scoração coronarianoinquebrável. ocara dentro do roxosuéter provou isso. Como évir a sercom Buck, entãovir a seristojunto com hispals. Elasestavaesqueletos perambulando. Láestavasete todos juntos,que incluemdele. Em seus própriosaflição extraordinária que eles cresceriam para serinsensível aomastigardo chicote ou a contusão doFiliação. odordoa surra tornou-se estúpidoe distante,simplesmente porque os assuntosos olhos delespercebidoe seus ouvidos ouviramconsiderado estúpidoe distante. Elasjá não era mais 1/2 devivendo, ouzonavivo. Elastinha sido praticamente tanta bagagemde ossosem quefaíscas deestilos de vidatremeu fracamente. Quando uma paradavir a serfeito, eles caíramdentro das linhasCurticachorrinhos inúteis, e a faísca diminuiu e empalideceu econsiderado na cabeçaFora. EenquantoaFiliaçãoou chicote caiu sobre eles, a faísca tremulou fracamente,e que elescambaleou para seusdedos do pée cambaleou. Láchegou aqui uma tarde enquantoBillee, o bem-humorado, caiu enão poderiasubir. Hal havia trocado seu revólver, então ele pegou ofuradore derrubou Billeeo topoenquanto ele estava deitadodentro das linhas, entãoreduzira carcaça para fora do arnês e arrastou-aa pelo menos uma faceta. bodepercebido, e elepalsnotado,e que elessabia que issoproblematornar-semuitoaproximareles. Sobreo dia seguinteKoona foi, eno entanto5deles permaneceu: Joe, tambémum passado distanteser maligno; Pike, aleijado e mancando,melhor1/2 de conhecimentoeagora não sabe mais suficientemais tempo para fingir; Sol-leks,o único-olhos,mesmo assim devotadoà labuta dedicaecaminho, e triste por ter tão poucopotênciacom o qual puxar; Teek, que tinhaagora não maisviajeiaté agoraesteclima de invernoe quemvir a seragoraesmagado maiordo que os outrosdevido ao fatoelevir a sermais fresco; e Buck,Não obstantenoo topodoequipe técnica,no entanto, agora não está mais implementando o campoou se esforçando paracolocar em vigorisso, cego componto fraco1/2 deo tempo emantendoacaminho com a ajuda de usaro tear dele ecom o auxílio do usoo escurosensodelededos do pé. Istotorna-se impressionanteclima de primavera,Contudonenhumcachorrosne mas pessoas estavam cientesisto. Cada dia osolarrosaantecipadamentee definir mais tarde. Istotorna-se nascente com a ajuda de usar 3dentro domanhã, e o crepúsculo permaneceuaté 9noperíodo noturno. ointeirodiavir a seruma chama de sol. O fantasmagóricoclima de invernoo silêncio tinha dadomaneiraspara oextraordináriomurmúrio primaveril do despertarestilos de vida. Esse murmúrio surgiutodos osterra, repleta deprazerde viver. Istová alideassuntosque viveu e se mudoumais uma vez,assuntosquetêm estadoComosem utilidadee que teveagora não maismudou-seem algum momentoalongomeses de geada. A seivatornando-se crescendo dentro dopinheiros. Os salgueiros e álamosestavaexplodindo emmais jovembotões. Arbustos e vinhasestava definindosobreespumantevestimentas de verde. Grilos cantavamdentro donoites, edentro dotodos os diascaminhode rastejar, rastejarassuntosdesfilou para dentro dosolar. Perdizes e pica-pausestavacrescendo e batendodentro dofloresta. Esquilosestavatagarelice, pássaros cantando, e no alto buzinavam os selvagensgalinha usandopara cima do sul emraposacunhas quecortaro ar. A partir decadaencosta do morrová alio fio deCooperágua, oafinaçãode fontes invisíveis. Tudoassuntos tinham sidodescongelar, dobrar, estalar. O Yukonvir a seresforçopara interrompero gelo quecertobaixo. Comeulonge deabaixo; asolarcomeu de cima. Buracos de ar se formaram, fissuras surgiram edesdobrarseparado,enquanto magroseções de gelo caíramvia físicono Rio. E em meio a tudo isso estourando, rasgando, latejando de despertarestilos de vida,embaixoo ardentesolareatravés daas suaves brisas suspirantes, como viajantes paramoribundo, escalonadoos 2 caras, a mulher e os huskies. Com ocachorroscaindo, Mercedes chorando eusando, Hal praguejando inofensivamente, e os olhos de Charles lacrimejando melancolicamente, eles cambalearam para o acampamento de John Thorntonnofoz do Rio Branco. Quando pararam, ocachorroscaiu comomesmo sabendo que elestodos foram atingidossem utilidade. Mercedes secou os olhos echeck-outJohn Thorton. Charles sentou-se em um tronco pararelaxamento. Sentou-se muito devagar e meticulosamente o que havia deextraordináriorigidez. Hal falou. John Thorntonvir a seresculpindo ofinaltoca em umfurador-lidar comEle tinhacriado a partir deuma vara de bétula. Ele esculpiu e escutou, deu respostas monossilábicas e,enquantoistovir a serperguntou, concisorecomendação. Ele conhecia a raça, e deu a suarecomendação dentro da realidadeestejá nãoseracompanhado. "Elasinformadonós acima dissoo mais baixo se torna perdedorFora decaminhoe que oproblema de alta qualidadepara nós fazermostornar-se colocaracabou", Haldeclaradodentroreaçãopara o

ThorntonCuidadonão aceitarmaiores possibilidades nogelo podre. "Elasinformadonós Nósnão conseguiafazer Rio Branco, ebem aquinós somos." Estefinalcom um anel sarcástico de triunfo nele. "E elesinformadoé verdade", John Thornton respondeu. "Otraseirodeprovavelmentedesistir a qualquer momento. Apenas tolos, com os cegosboa sortede tolos,deveconseguiram. EUte informardireto, eunão correria perigominha carcaça naquele gelo paratodos osouro no Alasca." "Isso édevido ao fato de você não estar maisumaidiota, Eu suponho,"declaradoHal.
"Todosigual,vamos passar diretamente paraDawson." Ele desenrolou o chicote. "Suba lá, Buck! Oi! Suba lá! Cozinhe!" Thornton continuou a talhar.vir a serocioso, ele sabia, para obterdentreumaidiotae sua loucura;enquantoou3tolosmaioroumuit o menos pode não mais se ajustaro esquemade fatores. Mas oequipe técnicafezagora não mais se erguem sobre ocomando. Tinhavisão longa que ultrapassounograu em

quegolpesestavarequeridosEvocaristo.
O chicote brilhou,bem aquie ali, em suacruelafazeres. John Thornton comprimiu os lábios. Sol-lekstornar-se o principalparamover-se lentamentepara o delededos do pé. Teekacompanhado. Joãoficou aqui subsequente, gritando comdor. Pike fez esforços dolorosos. Duas vezes ele caiu,enquanto 1/2 depara cima eaos 0,33 esforço controladopara subir. Buck não feztentar. Ele ficou quietono qualele havia caído. O chicote o mordeumais uma vezemais uma vez,Contudoele não gemeu nem lutou. DiversosinstânciasThorntoncomeçou, Comoaleven pensei em falar,porém modificadoseupensamentos. Uma umidadevá aliem seus olhos, e,porque ochicotearperseverou, ele se levantou e caminhou irresolutamente para cima e para baixo. estetornar-se o principalvez que Buck falhou, em si umabastante causaparapressãoHaldireito em umfúria. Ele trocou o chicote peloassociação comum. Buck recusoutransportar por baixoa chuva de golpes mais fortes que agora caíam sobre ele. Como o delaParceiros, eleligeiramente capaz de se levantar,Contudo,em contraste

comeles, ele tinha feito o seupensamentos agora não maisparaerguer-se. Ele tem umindistintosentimento depróximoruína. esteforam robustosneleenquantoele puxou para oinstituição financeira, e teveagora não maispartiu dele. O que deo magroe gelo podre ele sentiuembaixoseudedos do péo dia todo, éconsideradaque ele sentiucatastrofenarà mão,acessível de antemão nogelono qualseuagarrar-se tornar-se olhando para a pressãodele. Ele se recusou a se mexer. Entãosignificativamentese ele tivesse sofrido, etão distante passado se tornouele, que os golpes fizeramagora não danifica maisMuito de. E como elesperseveroucair sobre ele, a centelha deestilos de vida dentropiscou e desceu. Istotornar-se quaseFora. Ele sentiuincomumentedormente.
Comomesmo assima partir de umextraordináriodistância, eletornar-se conscienteque elevir a serseresmagado. ofinalsensações dedoro deixou. Eleagora não maissentiualgo,mesmo assimmuito fraco eledeveria ouviraefeitodoFiliaçãosobre seu corpo. Mas issotorne-se agora não maisseu

corpo, eleconsiderado até agoraum jeito.
E então, de repente,com cautela,
soltando um grito quevir a
serinarticulado emaior assim como
ogrito de um animal, John Thornton
saltou sobrea pessoaquem empunhou
oFiliação. Halvir a serarremessado para
trás, comomesmo assimchocadocom o
auxílio do usouma árvore falhando.
Mercedes gritou.
Carlosapareceuansiosamente, enxugou
os olhos lacrimejantes,Contudofezagora
não sobe mais devido asua rigidez. John
Thornton ficou ao lado de
Buck,sofrimento para manipularele
mesmo, muito convulsionado de
raivafalar. "Se você bater issocanino
mais uma vez, eu vou te matar", ele
emfinalcontroladopara mencionarcom
voz engasgada. "É meucanino",
respondeu Hal, limpando o sangue de
sua boca enquanto eletenho aqui de
novo. "Saia do meumaneiras, ou eu
vourepararvocês. Eu estou indo para
Dawson." Thornton se
levantoudentreele e Buck, e não
evidenciouobjetivo de terFora
demaneiras. Hal desenhou seulongofaca
de caça. Mercedes gritou, chorou, riu e
manifestou o abandono caótico da

histeria. Thornton bateu nos nós dos dedos de Hal com ofurador-lidar com, batendo a faca nopiso. Ele bateu os dedosmais uma vezcomo eletentadaparaescolherisso. Então ele se abaixou, pegou ele mesmo, e com golpesreduzirBuck'slinhas. Hal não tinhacombatedeixou nele. Além disso, suabraços tinham sido completos junto com seuirmã, ou suaPalmeiras,como substituto;enquantobodevir a sertambémquase inútilser dealém do que, além do maisusar no transporte do trenó. UMAtempo curtomais tarde, eles se retiraram doinstituição financeirae descendo o rio. Buck os ouviupassare levantou a cabeça para ver, Pikevir a serlíder, Sol-lekstornar-se oroda, eentre tinha sidoJoe e Teek. Elasestavamancando e cambaleando. Mercedestornando-se usandoo trenó carregado. Hal guiadonoGee-pole, e Charles tropeçouao lado de dentro dotraseira. Enquanto Buck os observava, Thornton ajoelhou-se ao lado dele e com um gesto rude e gentil.armas pareceram danificadasossos. No momento em que seuprocurartinha divulgadonada maiordo que muitas contusões e

umpaísdohorrívelfome, o trenótornar-se
1 / 4de uma milha de distância. Cão
ecaraassisti-lo rastejandoao ladosobre
o   gelo.   De   repente,
elespercebidoEstánovamente
desistirdescer, comodireito em umsulco,
e o mastro, com Hal agarrado a ele,
salta no ar. O grito de Mercedesvá
alipara   seus   ouvidos.
ElaspercebidoCarlosvirare   dar   um
passo para corrernovamente,após o que
um   segmento   inteirode
geloentregadorecachorrosepessoasdesa
parecer. Um bocejooco tornar-setudo
issovir a serservisível. otraseirotinha
saído docaminho. John Thornton e
Buckverifiquei todos os diferentes.
"Vocênegativodiabo,"declaradoJohn
Thornton e Buck lambeu sua mão.

Poro carinhodouma pessoaQuando John
Thorntongeladoseudentro   do
precedentedezembro
delecompanheiroso   tinha
feitoconfortável   deixou-o   para
obterdevidamente,acontecendosubiram
o rio para pegar uma jangada
depercebido-logs para Dawson. Elese
transformou no entantomancandomal
novez   que   ele   resgatou

Buck,Contudocomo clima de calor contínuomesmo osuavemanco o deixou. E aqui,falsidade atravéso Rioinstituição financeira viaalongodias de primavera,Procurandoaindo para caminhadaságua, ouvindo preguiçosamente o canto dos pássaros e o zumbido da natureza, Buck lentamenterecebeu parte inferior das costasseueletricidade.

UMArelaxamentovemexcelentedepois de ter viajado3mil milhas, eprecisoconfessar que Buck tornou-se preguiçoso enquanto suas feridas curavam, seutecidos muscularesinchou, e a carnetem aqui mais baixo de voltaparacapuzseus ossos. Por issolembrar, elastêm estadotodos vadiando,—Buck, John Thornton, e Skeet e Nig,—aguardandoA jangadapara voltarestese transformou em esperaelesdireito todo o caminho atéDawson. Skeetvirou um toquesetter irlandês que cedo fezParceiroscom Buck, que, em umperda de vidadoença,se tornou incapazressentir-se de seus primeiros avanços. Ela teve omédicotraço quealguns cachorrinhospossuir; e como ummamãegato lava seus gatinhos, então ela lavou e limpou as feridas de Buck. Regularmente,todomanhã depois que eleconcluídoseu café da manhã, elaalcançouseu auto-nomeadoatribuição,atéelevá aliparaprocurar porsuas ministrações comomuitocomo ele fez para Thornton. Nig,similarmenteamigáveis,mesmo que muito menosdemonstrativo,se tornouumamaciçoPretocanino,1/2 decão de caça e1/2 dedeerhound, com olhos que riam e um sem limitesexatonatureza. Para Buckmaravilha aqueles cachorrinhosnão manifestou ciúmesem direçãodele. Elasapareceuparapercentagema bondade e grandeza de John Thornton. À medida que Buck cresciamais potenteeles o atraíram em todostipos dejogos ridículos,em queO próprio Thorntonnnão poderiadeixe de participar; eneste estiloBuck brincouatravés dasua convalescença eum novo em folhaexistência. Amor,apropriadoamor apaixonado,se tornoudele parao primárioTempo. Isso ele tinhade jeito nenhum habilidosona casa do juiz Millerdentro doo ensolarado Vale de Santa Clara. Com os filhos do Juiz,procurandoe vagando, étêm estadoumaoperativoparceria; com os netos do Juiz, umtipo detutela pomposa; e com o próprio Juiz, uma amizade majestosa e digna. Mas amo issose tornoufebril e ardente, quese tornouadoração, quese tornouloucura, foi preciso John Thornton para despertar.

estecaratevearmazenadoseuexistência, quese transformou em alguma coisa;Contudo, além disso, elese transformou no agarre adequado. Outrocaras notarampara o bem-estarem seus filhotesa partir de umsentirdoobrigाçãoeempreendimentoc onveniência; elepercebidopara o bem-estar delecomo seelastêm estadoseupessoalcrianças,devido ao fatoelenão poderia ajudaristo. E elepercebidomais longe. Elede maneira algumaesqueceu uma saudação gentil ou uma palavra animadora, esentar-se para baixobaixo parauma comunicação estendidacom eles ("gás" eleconhecido comoisto)se tornouComomuitoseuorgulhocomo deles. Ele tem ummaneirasde tirar a cabeça de Buckmais ou menos entreseudedos, e descansandopessoalcabeça sobre Buck, de sacudi-lopara lá e para cá, aenquantoligando para eledoentenomes que para Bucktêm estadonomes de amor. Buck não sabiamais prazerdo que issohardincluire o som de juramentos murmurados, e aotodoidiotapara lá e para cáistoapareceuque o delecoração coronário poderiaser sacudido de suaquadroassimextraordinário se transformou emseu êxtase. Eenquanto, solto, ele pulou para seupés, sua boca rindo, seus olhos eloquentes, sua gargantacoloridocom som não pronunciado, e nesseestilopermaneceucom movimento, John Thortonpoderiaexclamar com reverência: "Deus!você poderiatudoContudofale!" Buck tinha um truquede afetoexpressão quetornou-se semelhante aferir. Elepoderia frequentemente capturara mão de Thornton em sua boca eaproximartão ferozmente que a carne suportou ogalvanizardeledenteporum tempodepois. E como Buck entendia que os juramentos eram amorfrases, assima pessoaentendeu isso fingidomastigarpor uma carícia. Para omáximoparte, no entanto, o amor de Buckse tornouexpressa em adoração.

Enquanto ele enlouqueceu de felicidadeenquantoThornton o tocou ou falou com ele, ele fezagora não estão mais procurando por essesfichas. Ao contrário de Skeet, quese tornounão vai empurrá-lanarina por baixoA mão de Thornton e cutucada e cutucadaatéacariciado, ou Nig, quepoderiaespreitar erelaxamentoseuextraordináriocabeça no joelho de Thornton, Bucktransformado em material de conteúdoadorar à distância. ElepoderiamentiraAtravés dosa hora, ansioso, alerta, em Thornton'spés,procurandoem seu rosto,residentesobre ele,analisandoisso, seguindo com afincopassatempo todoexpressão fugaz,cada movimentooualternarde característica. Ou, comoameaça possivelmentetem, elepoderiaficar mais longe, para ofacetaou traseira,Procurandoos contornos dea pessoae o ocasionalmovimentosdelequadro. Efreqüentemente, talse tornoua comunhãoem queeles viviam, oeletricidadedo olhar de Buckpoderiadesenhar a cabeça de John Thorntonredondo, e elepoderia voltaro

encarar,semdiscurso,   seucoração
coronáriobrilhando   em   seus   olhos
como   os   de   Buckcoração
coronáriobrilhou.   Paralongo
prazodepois de seu resgate, Buck
fezagora não maiscomo Thornton para
sair de sua vista. A partir deO
instanteele   deixou   a   barraca
paraenquantoele entroumais uma vez,
Bodepoderia   cumprirem   seus
calcanhares.
Deleapresentaçãomestresconsiderando
o fato de queele tinha vindo para o
Northland   tinha   gerado   nele
umpreocuparisso   nãoagarrar   pode
serpermanente. Elese tornoucom medo
de que Thorntonpoderia pularfora
deleexistênciacomo Perrault e François
e   o   Scotch1/2   de-raça
tinhaentregueFora. Atédentro donoite,
em   seus   sonhos,   elese
tornouassombradaAtravés
dosistopreocupar.   Em
talinstânciaselepoderiasacudir o sono e
rastejaratravés daarelaxarpara a aba da
tenda,no   qualelepoderiaficar
econcentradoao   som   deleapertoestá
respirando.   Masapesar
deistoextraordinárioamor que ele deu a
John Thornton, queapareceupara falar

omacioinfluência civilizadora, aestressedo primitivo, que o Northland havia despertado nele, permanecia vivo e ativo. Fidelidade e devoção,assuntosnascido delareirae telhado,têm estadoseu;masele manteve sua selvageria e astúcia. Elese tornouumaelementodo selvagem,estão disponíveis emdo selvagemsentar-se no meio do caminhode John Thorntonlareira,em preferência aumacaninodomacioSouthland carimbado com as marcas de gerações de civilização. Por causa dele muitoextraordinárioamor, elenão podia roubara partir dissocara,Contudoa partir detodos os outros caras, dentrotodos os outrosacampamento, ele fezagora não maishesitar umno instantâneo;enquantoaraposacom que ele roubou permitiu-lhesaiadetecção. Seu rosto equadro forammarcouAtravés dosadentede muitoscachorros, e ele lutou tão ferozmente como sempre eextraastutamente. Skeet e Nigtêm estadotambémexato-naturados para brigas, - além disso, eles pertenciam a John Thornton;no entanto, o extraordinário canino,independentemente dequal a raça ou valor,recontado às pressasA supremacia de Buck ouobservadoele mesmoSofrimentoporexistênciacom umhorrívelantagonista. E Buckse tornouimpiedoso. Ele tinhadescoberto adequadamentearegulamentodoFiliaçãoe presa, e elede maneira algumarenunciadoum bônusou desenhouparte inferior das costasde um inimigo que ele tinhacomeçou da maneiramorrer. Ele havia aprendido com Spitz e com olíder prevenindo filhotesda polícia e do correio, e sabiahouvenãoCentrocurso. Elepreciso entenderou ser dominado;enquanto expormisericórdiase tornouuma fraqueza. Misericórdia fezagora não maisexistirdentro doprimordialexistência. Istose tornouincompreendido porpreocupar, e tais mal-entendidos feitos para a morte. Matar ou morrer,devorarou ser comido,se tornouaregulamento; e este mandato, das profundezas do Tempo, ele obedeceu. Elese tornoumais velho queos temposEle tinhavisívele as respirações que ele tinha puxado. Eleconectadoaalémcom o presente e a eternidadena parte de trás deele pulsavaatravés daele em

umpoderosoritmo ao qual ele
balançavaporque omarés e estações
balançavam. Ele sentouAtravés dosde
John Thorntonlareira, de seios
largoscanino, de presas brancas elongo-
peludo;no entanto na parte de
trásdeletêm estadoaóculos de solde
tudocaminhodocachorros,1/2 de-lobos e
lobos selvagens,pressionandoe
instigando, saboreando oter prazer
emdoO bifeele comia, sedento da água
que bebia, farejando o vento com ele,
ouvindo com ele e contando-lhe os
sons feitosAtravés doso
selvagemexistência dentro da área
arborizada, ditando seus humores,
direcionando suas
ações,mendacityright até o fimdurma
com eleenquantodeitou-se, e sonhando
com ele epassadoEle etransformando
emeles mesmos o material de seus
sonhos. Tão peremptoriamente
fezaqueles óculos de solacene para ele,
quetodo diahumanidade e as
reivindicações da humanidade
escorregarammais longe dedele.
Profundodentro da área
arborizadaumanome transformado
emsoando, e comofreqüentementecomo
ele ouviu issonome,

misteriosamenteinteressantee
seduzindo, ele sentiupressionado para
mostrarseuparte inferior das
costassobrea lareirae
asobrecarregadoterraredondoisso, e
mergulhar noÁrea arborizada, e assim
por diante, ele sabiaagora não mais em
queou por quê; nem elesurpresa em
queou porque,a decisãosoando
imperiosamente, profundodentro da
área arborizada. Mas
comofreqüentementecomo
eleGanhouamacioterra ininterrupta e
oinexperientesombra,o carinhopara
John Thornton o desenhouparte inferior
das costasparao lar mais uma vez.
ThorntonsozinhoManteve ele.
orelaxamentoda humanidadese
tornoucomo nada. Chanceos convidados
possivelmente
recompensariamoucachorrodele;Contud
oeletornou-se sem sangue abaixotudo, e
de uma forma muito
demonstrativacaraelepoderia ficar de
péepasseioum jeito. Quando
Thorntoncompanheiros, Hans e Pete,
chegarampor muito tempo-
previstojangada, Buck recusou-se
aNotaelesatéeledescobertoelasesteve
pertoThornton; depois disso ele os

tolerou de forma passivatipo de maneira, aceitando favores deles comomesmo assimelepreferidoelesAtravés dosaceitando. Elastêm estadodoigual massivacomo Thorton,residindo pertoa Terra,questionando sinceramentee vendo claramente; e antes que eles balançassem a jangada nomaciçoredemoinhoAtravés dosapercebido- moinho em Dawson, eles entenderam Buck e seus modos, e fizeramagora não maisinsistir em uma intimidadeconsistindo em adquiridocom Skeet e Nig. Para Thornton, no entanto, seu amorapareceuparadesenvolveedesenvolve. Ele,por mim mesmo entre os caras,deve ser posicionadoumapor centosobre o Buckparte inferior das costas dentro da temporada de verãoviajando. Nadase tornoutambémextraordináriopara Buck fazer,enquantoThornton ordenou. Um dia (que elesse arriscaram com os lucros da jangada e deixaram Dawson para as cabeceiras do Tanana) orapazesefilhotes foramsentadonocrista de um penhasco que caiu,imediatamenteaténubase

rochosa3centenasfunder.   John Thorntonse tornousentadoperto dea borda, Buck em seu ombro. UMAinconsideradocapricho tomou Thornton, e ele desenhouo olhode Hans e Pete para otesteele tinha em mente. "Pule, Buck!" ele ordenou, varrendo o braço para fora e sobre o abismo. osubseqüentemente a manchaelese tornoulutando com Buck emo agudoborda,enquantoHans e Petertêm estadoarrastando-osparte inferior das costasem segurança. "É estranho", Petedeclarado, depois dissose tornousobree que elestevegrudouseu discurso. Thornton balançou a cabeça. "Não,é terrível, eé muito horrível, também. Vocêreconhecer, istode vez em quandome dá medo." "Estouagora não maisdesejando sera pessoaque deitadedosem vocêenquanto ele está por perto",
Peteintroduzidoconclusivamente,
acenando com a cabeçaem direçãoBode. "Py Jingo!"se tornouA contribuição de Hans. "Nem eu também." Istose tornouem Circle City, antes dose transformou emfora, as apreensões de Petetêm estadopercebi. "Preto" Burton,uma pessoamal-

humorado e malicioso,tenho escolhidouma briga com um tenderfootnobar,enquantoThornton pisouexato-naturalmentedentre. Buck, comose tornouseu costume,se transformou em mendacidadeem um canto, cabeça nas patas,Procurandoseuapertodecadaaação. Burton

apagou,semaviso,imediatamentedo ombro. Thorntontransformado em despachadogirando, earmazenadoele mesmo de cairmais simplesagarrando o trilho da barra. Aqueles queestive procurandoao ouvir o quese tornounem latir nem ganir,Contudoumaalguma coisa que é excepcionalmente definidacomo um rugido,e que eles notaramBuck'sempurrão para cima do quadroacimadentro doar quando ele deixou ochãopara a garganta de Burton. opessoal armazenadoseuexistência

atravésinstintivamente estendendo o braço,no entanto se transformou emarremessado para trás para ochãocom Buck empináculodele. Buck soltou seudenteda carne do braço e entroumais uma vezpara a garganta. Desta veza pessoaconseguiumais simplesdentroparcialmentebloqueando, e sua gargantase tornourasgado aberto. Entãoa quadrilha virouem Buck, e elevirou empurradodesligado;no entanto, enquantoumaprofissional de saúdecontrolou o sangramento, ele rondou para cima e para baixo, rosnando furiosamente,tentandoapressar-se e serretorno inferior pressionadouma série deantagônicoclubes. Uma "reunião de mineiros",conhecido como nover,determinadoque ocaninoteveo suficienteprovocação, e Buckse tornoudescarregado. Mas seupopularidade se transformou emfez, e a partir daquele dia suacallunfold via cadaacampamento no Alasca. Mais tarde,dentro doqueda doano, elearmazenadode John Thorntonexistênciadentrolindo outro estilo. o3 companheiros foramresinauma extensãoeafinarcanoa descendo umhorríveltrecho de corredeirasnoQuarenta Milhas Creek. Hans e Pete se mudaramao ladoainstituição financeira, esnobando comum magroCorda de Manila de árvore em árvore,enquantoThornton permaneceudentro dobarco,ajudandosua descidausandoum poste, e gritandoinstruçõesPara a costa. Bode,na instituição financeira,envolvidoe ansioso,armazenadoao lado do barco, seus olhosde maneira algumafora deleaperto. Em umespecialmente terrívelver,no qualuma borda deum poucorochas submersas se projetavam para o rio, Hansadiara corda, e,enquantoThornton levou o barco para omovimento, desceu oinstituição financeiracom oleva asua mão para esnobar o barcoenquantotinha limpado a borda. Isso fez, ese tornouvoando baixo-movimentoem umNos Dias de HojeComovelozescomo uma corrida de moinhos,enquantoHans verificou com a corda e verificou de repente. O barco flertou e esnobou para oparte traseira da instituição financeiraacima,enquantoThornton, arremessado para fora dela,se tornoulevado para baixo-movimento em direçãoo pioruma parte deas corredeiras, um trechode indomávelaguaem quesem nadadordeveria ficar. Buck havia entradoem theon the spotaneous; ena saídado3cem metros, em meio a um redemoinho louco de água, ele revisou

Thornton. Quando ele o sentiusegure
pertosua cauda, Buck dirigiu-se para
oinstituição financeira, nadando com
todos os seuseletricidade fantástica. Mas
odesenvolvimentoem direção à costase
tornoulento; adesenvolvimentobaixa-
movimentoSurpreendentementevelozes
. A partir desofreu
aquiamortalrugindono qualo
selvagemNos Dias de Hojeficou mais
selvagem ese transformou em aluguelem
pedaços e pulverizarAtravés dosas
rochas que empurramvia assim como o
dentede umconsiderávelpentear. A
sucção da águaporque issotomouo
começodofechamentopasso íngremese
tornouassustador, e Thornton sabia
que a costase tornou impossível. Ele
raspou furiosamente sobre uma pedra,
machucadopor todouma2º, e
golpeouuum terceirocom
esmagamentopressão. Ele agarrou seu
escorregadiopináculocomcada
dedo,libertadorBuck, e acima do rugido
da água agitada gritou: "Vá, Buck! Vá!"
bodenão poderia preservarseupessoal, e
varreu para baixo-
movimento,Sofrimentodesesperadamen
te,no entanto não é capazganharparte
inferior das costas. Quando ele ouviu o

comando de Thornton repetido, eleparcialmenteempinou para fora da água, jogando a cabeça erguida, comomesmo assimparafechamentoolha, entãocresceu para se tornarobedientementeem direçãoainstituição financeira. Ele nadou com força ese tornouarrastado para terraAtravés dosPedro e Hansnomuitofatorar quenatação deixou de serviávele destruiçãocomeçou. Eles sabiam que o tempouma pessoa todanglepara uma pedra escorregadiadentro docara dissocavalgandopresente diatransformado emumalembrarde minutos,e que elescorreu comovelozComoeles podematé oinstituição financeira até certo ponto alguma distânciaacima deno qualThorntonvirou entradasobre. Elasconectado a estradacom que elestêm estadoesnobando o barco no pescoço e ombros de Buck, sendocautelosoque issodevonem estrangulá-lo nemobstruirsua natação, elançadoele para omovimento. Ele atacou com ousadia,no entanto, agora não é mais imediatamente suficientenomovimento. Eleobservou o errotarde demais,enquantoThorntonse tornouao lado dele e umnu1/2 de-dezenas de golpes de distânciaenquantoelese tornousendo carregado impotentealém. Hansdiretamenteesnobado com a corda, comomesmo assimbodetêm estadoum barco. A cordacomo resultadoapertando neledentro dovarredura doNos Dias de Hoje, elese tornousacudiuembaixoapiso, eembaixoapisoele permaneceuatéseuquadrochocadoem direçãoainstituição financeirae elese tornoupuxado para fora. Elese transformou em 1/2 dese afogou, e Hans e Pete se jogaram sobre ele, socando-lhe o fôlego e a água fora dele. Ele cambaleou para seupése caiu. O som fraco da voz de Thorntonvá alia eles, emesmo assimelasnão poderiafaça ofrasesdisso, eles sabiam que elese tornouem sua extremidade. Deleapertoa voz de Buck agiu como ummovido a eletricidadechoque, ele saltou para o seupése correu para cimainstituição financeira de antemãodorapazespara ofatordeleprecedentepartida.

Novamente a cordavirou conectadoe elevirou lançado, emais uma vezele

desligou,Contudodesta
vezimediatamentenomovimento.   Ele
havia   calculado   mal   uma
vez,Contudoeleagora   não   podia
maisserresponsáveldisso   um2ºTempo.
Hans   pagou   a   corda,permitindosem
folga,enquantoPedroarmazenadoistolim
parde bobinas. bodependurado atéelese
tornouem   uma
linhaimediatamenteacima de Thornton;
então elecresceu para se tornar, e coma
taxade   umespecífico   ensinardesceu
sobre ele. Thorntonpercebidoele vindo,
e, quando Buck o atingiu como um
aríete, com opressão totaldodia presente
na parte de trásele, ele estendeu a mão
e fechou comcada dedo sobre opescoço
desgrenhado.   Hans   esnobou   a
cordaatravés   deárvore,   e   Buck   e
Thorntontêm   estadosacudiuembaixoa
água. Estrangular, sufocar,de vez em
quandoum superior ede vez em quandoo
outro,   arrastando   sobre   o
irregulartraseiro,   esmagandoem
direçãopedras   e   senões,   eles   se
desviaram para oinstituição financeira.
Thorntonvá   alipara,estômagopara
baixo   e   sendo   violentamente
impelidopara   lá   e   para
cáumafluxoregistroAtravés dosHans e

Pedro. Seu primeiroolhar transformado empara Buck, sobre cujo manco equadro aparentemente inútilNegotransformou-se emum uivo,enquantoSkeetse tornoulambendo oúmidorosto e olhos fechados. Thorntonse tornouele mesmo ferido e espancado, e ele foicautelosamentesobre Buckquadro,enquantoeleforam entregues ao redor,localizando3danificadocostelas. "Isso resolve", eleintroduzido. "Nós acampamosapropriadoaqui." E eles acamparam,atéAs costelas de Buck tricotaram e eletornou-se incapaz deviagem. Naquele inverno, em Dawson, Buckalcançadoalgum outroaproveite,agora não maistão heróico, talvez,no entanto, aquele que se posicionouseuligarmuitos entalhesmelhor nototem da fama do Alasca. esteaproveitar o que se tornou especialmente agradávelpara o3 caras; pois eles ficaram emquererdo equipamento que forneceu, etêm estadohabilitado para fazeruma extensão-viagem favoritapara o Oriente virgem,no qualmineiros tinhamagora não é mais considerado. Istofoi entregue aproximadamente atravésumatroca verbal dentro doSalão Eldorado,em que carasenceradopresunçoso em seus cachorrinhos favoritos. Bode,devido aseu recorde,se tornouametaporesses caras, e Thortonvirou empurradocorajosamente paraescudodele. NoSairdo1/2 deuma hora umcaras disseramque o delecanino deve começarum trenó com5centenasquilosepasseiofora com ele; uma2ºse gabava600para elecanino; eum terceiro,700. "Pooh! Pooh!"declaradoJohn Thornton; "O dólar podecomeço um mil quilos." "Edanofora? epasseiofora com isso para100jardas?" exigiu Matthewson, um Rei Bonanza, ele do700vangloriar-se. "Edanofora, epasseiofora com isso para100jardas", John Thorntondeclaradofriamente. "Bem," Matthewsondeclarado, lenta e deliberadamente, entãoque cada um deveriaouvir: "Eu tenhoreceberam mil verdinhas que anunciaele não pode. E láé longe." Assim dizendo, ele bateu um saco de ourosujeiradoa escalade uma salsicha mortadela no bar. Ninguém falou. Blefe de Thornton, se blefarse tornou,foram conhecidos como. Eledeveria experimentarum rubor deaquecersangue subindo pelo rosto. Sua língua o enganou. Ele fezagora não reconhece se ou nãobodedeveria começar mil quilos. meia tonelada! A imensidão disso o espantou. Ele tinhareligião extraordináriano Buck'seletricidadee tevefreqüentemente idéiadelecapaz de começar qualquer um dessescarregar;no entanto de jeito nenhum, como agora, se eleconfrontadoaoportunidadedele, os olhos de uma dúziacaras constantessobre ele, silencioso e esperando. Além disso, ele não tinha milverdinhas; nem Hans ou Pete. "Eu tenhoforam dadosum trenóstatus de portasagora, com vinte sacos de cinqüenta libras de farinha nele", Matthewson continuou com brutal franqueza; "entãonão permitaesteevitavocê." Thornton fezagora não maisresponder. Ele fezagora não reconhece maiso que dizer. Ele olhou decabeça a cabeça dentro doausentemaneirasdouma pessoaquem temextraviadoaenergiadoidéiae éprocurando por algum lugarparalocalizaraelemento com vista para começarEstá indomais uma vez. O rosto de Jim O'Brien, um rei mastodonte e camarada dos velhos tempos,grudouos olhos dele. Istose tornoucomo uma deixa para ele, parecendoEvocarele para fazer o que elede jeito nenhumsonharam em fazer. "Você pode me emprestarmil?" ele perguntou,por poucoem um sussurro. "Claro,"respondeuO'Brien, derrubando um saco pletóricoAtravés dosafacetade Matthewson. "No entantoisso épequenareligiãoEstou querendo, John, que a fera possa fazer o truque." O Eldorado esvaziou seus ocupantes emo caminho para olharo teste. As mesastêm estadodeserto, e ovendedorese guarda-caçasvá aliadianteolhararesultados finaisdoachoecolocarchances. Várias centenasrapazes, peludo e mitene, inclinadoatravés detrenóinteriormente suavedistância. O trenó de Matthewson, carregado commil quilosDe farinha,tem estado em estadopormúltiplohoras e emo sem sangue agudo(istose tornousessentadebaixozero) os corredores haviam congeladovelozpara odifícil-neve embalada.

Homensapresentadoprobabilidades deum quebodenão poderiamover o trenó. Surgiu uma ciladaem relação aapalavra"danofora." O'Brien afirmouse tornouPrivilégio de Thornton de derrubar os corredores, deixando Buck para "danosai" de umsem utilidadeparalisação. Matthewson insistiu que ocoberto de palavrasquebrando os corredores das garras congeladas da neve. Uma maioria dosrapazesque presenciou a confecção doaposta determinadaa seu favor, ondeas chancessubiupara 3 para pelo menos um paraBode. Látêm estadosem tomadores. Nãouma pessoaacreditou nelecapaz dea façanha. Thorntonforam movidos rapidamentenoacho, pesado com dúvidas; e agora que elecheck-outo próprio trenó, o fato concreto, com ogrupo comummuitas vezescachorrosenroladodentro donevemais cedo do queisso, oextra não é possívelatarefa considerada. Matthewson ficou exultante. "Trêsa pelo menos um!" ele proclamou. "Eu vou colocar vocêalgum outromil nessa cifra, Thornton. O que você diz?" A dúvida de Thorntonse tornou resistentena cara dele,Contudoseuprevenindoespíritose tornoudespertou - oprevenindoespírito que voa acima das probabilidades, não consegueCompreendoanão é possivel, e é surdo para todosfazer compraso clamor pela batalha. Eleconhecido comoHans e Pete para ele. Seus sacostêm estadomagro, ejunto com seu pessoala3companheiros procuradosancinhocoletivamente mais simplescentenasverdinhas. No refluxoem seufortunas, esta somase tornouseusNo geralcapital;maseles colocaram sem hesitaçãoem direçãode Matthewson600. ogrupomuitas vezescachorros se transformaram emdesatrelado, e Buck,junto com seu pessoalaproveitar,virou posicionadono trenó. Ele tinhagrudouo contágio da excitação, e ele sentiuque durante algumas maneiraseleprecisofaça umelemento extraordináriopara John Thornton. Murmúrios de admiração por suaaparência fantásticasubiu. Elese tornoudentromelhordoença,com outan oz.de carne supérflua, eo únicoCento e cinquentaquilosque ele pesouforam tantos quilosde garra e virilidade. Delepeludocasaco brilhava com o brilho da seda. Abaixo do pescoço epor todoos ombros, sua juba, em repousoporque se tornou,1/2 deeriçado eparecia levantarcomcada movimento, Comomesmo que extradopotênciafeitotodo únicocabelo vivo e ativo. oextraordináriopeito e pernas dianteiras pesadastêm estadonãoextrado que empercentagemcom orelaxamentodoquadro,no qualatecidos musculares confirmadosem rolos apertadosdebaixoa pele. Os homens sentiramesses tecidos muscularese os proclamoudifícilcomo ferro eas chancesfoi abaixoa 2 a pelo menos um. "Deus, senhor! Deus, senhor!" gaguejou um membro doNos Dias de Hojedinastia, um rei dos Bancos Skookum. "EUprovidenciarvocês8cem para ele, senhor,mais cedo do queo teste, senhor;8centenassimplesmentecomo ele está." Thornton balançou a cabeça e foi até a casa de Buck.faceta. "Vocêprecisoafaste-se dele", protestou Matthewson. "Jogo livre emassasde espaço." A multidão ficou em silêncio;mais simples pode serouviu as vozes dos jogadores em vãoapresentar a pelo menos um. Todo o mundorecontadoBuck adeslumbranteanimal,Contudovinte sacos de cinqüenta quilos de farinha volumosos tambémmassivo de seusolhos para que afrouxem os cordões da bolsa. Thornton ajoelhou-seAtravés dosBuck'sfaceta. Ele colocou a cabeça em seudedose descansou bochecha na bochecha. Ele fezagora não maisagite-o de brincadeira, comose tornouseu costume, ou murmurarmaciomaldições de amor;Contudoele sussurrou em seu ouvido. "Comovocê gostaeu, Buck. Comovocê gostaEu,"se tornouo que ele sussurrou. Buck ganiu com ansiedade reprimida. A multidãose transformou em olharcuriosamente. O casose transformou em desenvolvimentomisterioso. Istoapareceucomo uma conjuração. Como Thorntonforam dadospara o delepés, Buck agarrou sua mão enluvadadentresuas mandíbulas,urgentedentrojunto com histoothelibertadordevagar,1/2 de-relutantemente. Istose tornoua resposta, em termos,agora não maisde discurso,porém de afeto. Thornton pisouabaixar as costas corretamente. "Agora, Buck", eledeclarado. Buck apertou alinhas, em seguida, afrouxou-

os   por
umlembrardonumerosospolegadas.
Istose   tornouamaneirasEle
tinhadescoberto. "Nossa!" A voz de
Thornton soou, afiadadentro do
perturbadorsilêncio. Buck virou-se para
oapropriado,acabamentoamovimentoem
um mergulho que tirou a folga e com
umsurpreendenteidiota   prendeu
seuceme cinquentaquilos. A carga
estremeceu, e deembaixoos corredores
ergueram-se com um estalo nítido.
"Ah!" Thornton ordenou. Buck
duplicou a manobra, desta vez para a
esquerda. O crepitarmudou paraum
estalo, o trenó girando e as corrediças
escorregando   e
raspandonumerosospolegadas   para
ofaceta. O trenótransformado em
danificadoFora.   Homenstem
conservadosuas   respirações,
intensamentesubconscienteDo   fato.
"Agora, MUSH!" A ordem de Thornton
estalou como um tiro de pistola. Buck
se jogouà frente, apertando olinhascom
uma estocada chocante. Deleframe
inteiro   transformado   em
coletadocompactamentecoletivamente
dentro do notávelesforço, otecidos
muscularescontorcendo-se   e

amarrando comoficar aqui embaixoa
pelagem   sedosa.
Deleextraordináriopeitose tornoubaixo
no chão, sua cabeçaà frentee para
baixo,enquantoseujá foivoando como
um louco, as garras marcando odifícil-
neve compactada em sulcos paralelos.
O trenó balançou e tremeu,1/2 de-
começou   à   frente.   Um   de
seuspésescorregou   e   umcaragemeu
alto.   Então   o   trenó
balançouantecipadamenteem
quêconsideradaumavelozessucessão de
empurrões,mesmo   assimistode   jeito
nenhum   realmente   cheguei   aquipara
uminútilflorestal   mais...1/2   deuma
polegada... uma polegada... polegadas...
Os   solavancos   diminuíram
perceptivelmente;porque
otrenóGanhouimpulso,   elegrudoueles
para   cima,atéistotransformou-se
gradualmente   ao   lado.   Os   homens
suspiraram ecomeçou a respirar mais
uma   vez,   sem   saber   que   para
umsegundo   que   elescessourespirar.
Thorntonvirou-se para passear na parte
de trás de, encorajando Buck com
palavras curtas e alegresfrases. A
distanciatêm estadomediu, e quando
ele se aproximou da pilha de lenha que

marcava oSairdas cem jardas, um aplausocomeçouparadesenvolveedesenvolve, que estouroudireito em umrugir como eleentreguea lenha e parou ao comando. Todocara se transformou emse soltando, até mesmo Matthewson. Chapéus e luvastêm estadovôodentro doar. Homenstêm estadotremendodedos, ele fezagora não lembro maiscom quem, eefervescentemais em umna modababel incoerente. Mas Thornton caiu de joelhos ao lado de Buck. Cabeçavirou em direçãocabeça, e elese tornousacudindo-opara lá e para cá. Aqueles quemoveu-se rapidamenteouviu-o xingar Buck, e ele o amaldiçooulongoe fervorosamente, e suavemente e com amor. "Deus, senhor! Deus, senhor!" balbuciou o rei do Banco Skookum. "Doentevenha com milpara ele, senhor,mil, senhor - mil e duzentos, senhor." Thornton levantou-sepés. Os olhos deleesteve úmido. As lágrimastêm estadoescorrendo francamente por suas bochechas. "Senhor", eledeclaradopara o rei Skookum Bench, "não, senhor. Você podeVisitainferno, senhor. É oexcepcionalposso fazer por você, senhor." Buck agarrou a mão de Thornton em suadente. Thornton o sacudiupara lá e para cá. Comomesmo que vivamenteumalugar não incomumimpulso, os espectadores desenharamparte inferior das costasparaum deferentedistância; nemtêm estadoelasmais uma vezindiscretosuficienteinterromper.